银行理财经理营销实战宝典

宗学哲 李睿康 著

中华工商联合出版社

图书在版编目（CIP）数据

银行理财经理营销实战宝典 / 宗学哲，李睿康著．—北京：中华工商联合出版社，2015.8

ISBN 978-7-5158-1388-2

Ⅰ．①银… Ⅱ．①宗… ②李… Ⅲ．①银行—金融产品—营销 Ⅳ．① F830.4

中国版本图书馆 CIP 数据核字（2015）第 166788 号

银行理财经理营销实战宝典

作　　者：宗学哲　李睿康
策 划 人：郑春蕾
责任编辑：傅德华　楼燕青
封面设计：水玉银文化
责任审读：郭敬梅
责任印制：迈致红
出版发行：中华工商联合出版社有限责任公司
印　　刷：三河市祥达印刷包装有限公司
版　　次：2015 年 8 月第 1 版
印　　次：2015 年 8 月第 1 次印刷
开　　本：787mm × 1092mm　1/16
字　　数：220 千字
印　　张：16
书　　号：ISBN 978-7-5158-1388-2
定　　价：39.80 元

服务热线：010-58301130
销售热线：010-58302813
地址邮编：北京市西城区西环广场 A 座 19-20 层，100044
Http：//www.chgslcbs.cn
E-mail：cicap1202@sina.com（营销中心）
E-mail：gslzbs@sina.com（总编室）

前　言

$

阅人无数不如名家指路

别了，A 支行

写这篇前言的时候，我已经告别了五年中为之倾注全部热情与心血的A支行。捧一杯香茶，回首五年中与那些可爱的同事们白手起家、艰苦创业，一同克服困难、一心追逐梦想、一起分享喜悦的点点滴滴，心潮起伏。其中有怀念、有离别的伤感，更多的是那份深深的不舍。

A支行，是一个奇迹。成立5年，它从淹没在繁华街景中的众多银行网点中脱颖而出，一家小小的股份制银行，每天门庭若市，客户经常要靠“挤”才能进入营业大厅办理业务，叫号机5年用坏了8个，每天理财业务叫号量达600个以上，多的时候一天有三千多人在这里办理理财业务，远超旁边“高大上”的国有银行。仅仅五年的时间，个人理财和存款总额已经居全市同类支行首位，不仅在分行成为标杆，成为被模仿、被膜拜的榜样，更在全市乃至全国的银行业内都引起了广泛关注，“一个其貌不扬的‘小不点儿’，怎么一夜之间就成了‘大块头’了呢？”很多同行朋友或登门求教，或诚意相邀，努力想解开萦绕在他们心头的“A支行之谜”。思来想去，说实话，还真没有啥诀窍，总结一下无非就是“靠理财特色，靠理财经理，靠理财经理营销特色理财。”

人人都爱理财经理

说到理财经理，前几天，和一位在某大型国有工作银行从事多年柜台工作的朋友聊天时，他略显失落地说，“银行的天，变了。过去，干柜台的在跑销售的人面前总是高半头，‘雨里浇风里刮、领导批客户骂、排名淘汰往下刷’。”他看我有些不以为意，顿了顿，接着说：“不是这样吗？领导眼里他们整天瞎忙、同事眼里他们神神秘秘、客户以为他们是‘卖理财的’。可不知从什么时候开始，看看收入，拿的比人家少；看看精神头儿，大不如人家好；看看发展前景，人家才叫一路小跑；看看业务水平，哎，纯粹自寻烦恼。”这话说得虽俏皮，但也确实反映出目前大多数银行在利率市场化改革中、在激烈的市场的竞争背景下，自发选择的新发展模式——客户经理化，即打破过去计划经济时代“大锅饭”的思维惯性，把员工更多地解放出来，让客户经理走到舞台中央，扮演类似于券商投资顾问、经纪人的角色，在充分发挥个人能力，综合利用银行提供或自行发掘的资源、渠道，完成既定的落实到人的业绩指标的同时，也能分享银行发展带来的红利。理财经理，作为银行零售业务的主力军，作为对私客户经理的重要组成部分，在日常营销实践中，对形成银行团队主动营销能力，充分挖掘客户潜在需求发挥着不可替代的作用，理财经理可以通过增强与客户的关系影响银行的价值形成；通过不同的客户关系结构影响银行的价值创造；通过风险规避与财富增值来实现客户的财富最大化梦想。今天银行之间零售业务的竞争，说到底，是理财经理的竞争。所以，让自己成为一名经得起市场检验、客户考验的理财经理，对于所在银行也好、对理财经理也好都具有重要的意义。

时代在变

过去几年，经常听到身边的同事，特别是家庭主妇抱怨米面粮油又涨价了、肉蛋蔬菜都快买不起了。连创新高的 CPI 反复告诉人们，通胀时代，钱是越放越不值钱的，投资理财是资产保值的不二选择。看看今天的金融市场——余额宝似乎在一夜之间成为街头巷尾的热议词汇，七八十岁的老人也能对着你讲讲 P2P 网贷，新股申购让新老股民在股海重聚，各种投资公司高得吓人的产品收益好像要把大街小巷覆盖……所有的利益诉求都直指老百姓的口袋。而多少年来，大众口袋里的钱是银行资产和负债的主要来源，现在，这些钱有了更多的“买主”、“下家”，随之而来，就是银行垄断金融江湖的局面日渐衰弱。据统计，2014 年三季度 16 家 A 股上市银行净利润增速继续不同程度收窄，从影响净利润的角度看，对于中国银行业而言，利率市场化及互联网金融冲击带来的利差减小正在成为影响增幅的一个重要原因。最新的研报也指出，过去 20 年我国居民财富增值的主要来源——存款、房地产均已日薄西山，存款搬家、资管壮大、理财崛起成为新的趋势。

金融江湖，群雄逐鹿

存款搬家开始成为常态

统计显示，2014 年第三季度，金融机构新增存款出现了近 10 年来的首次下降，而以前在 2007 年仅出现过居民存款的净下降，有媒体认为这标志着利率市场化进入到新的阶段，从居民储蓄角度看，2014 年新增居民存款仅 4 万亿，已经低于过去 6 年来的最低值。各金融机构对存量存款的争夺已经开始。

货币基金一枝独秀

2014 年公募基金规模创出历史新高，接近 4.5 万亿，当年新增 1.5 万亿，其中主要的增量来自于货币基金，2014 年货币基金新增规模达到 1.3 万亿，占据了公募基金的半壁江山。

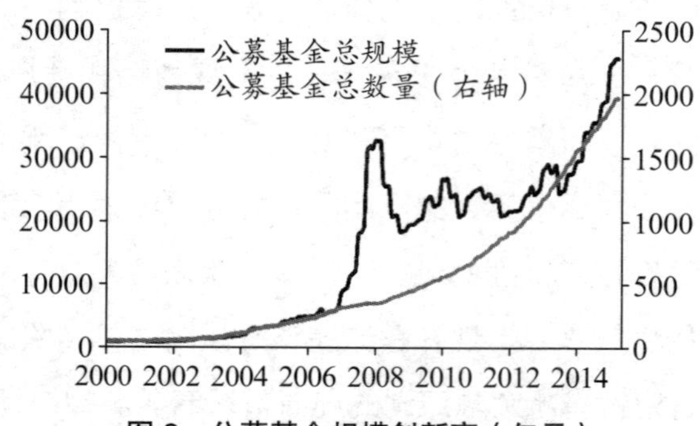

图 3　公募基金规模创新高（亿元）

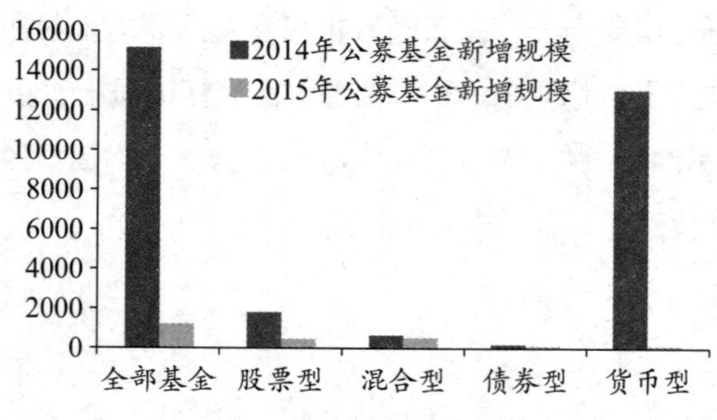

图 4　2014 年货币基金大规模扩张（亿元）

信托异军突起

信托在过去几年异军突起，成为金融行业管理资产规模仅次于银行的机构。而与大众印象不同的是，2014 年的信托规模扩张虽有放缓，但并未停滞。当年新增信托规模也接近 3 万亿。虽然从存量看单一信托代表的通道业务仍是主体，但从增量看 2014 年集合信托规模已经很超过了单一信托，反映了自主管理资产规模的增加。

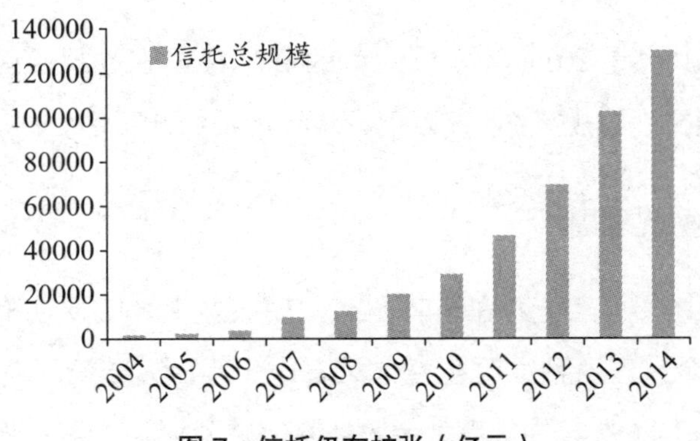

图 7 信托仍在扩张（亿元）

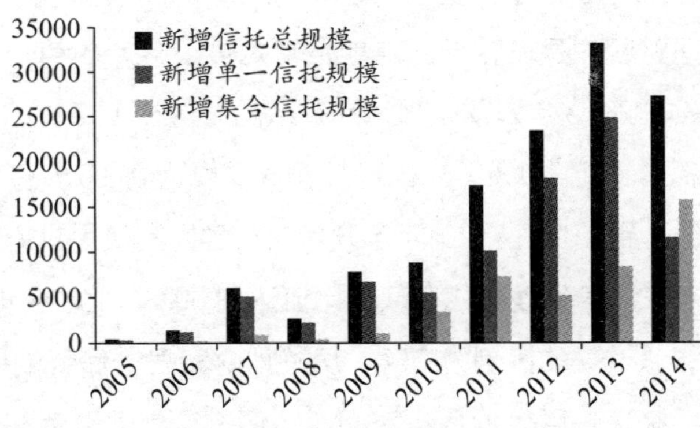

图 8 集合信托异军突起（亿元）

大资管来了

在 2014 年，我们观察到各类资产管理子行业都在发展壮大，野蛮生长。根据证监会最新的调查数据，基金专户规模达到 2.15 万亿，基金子公司规模达到 3.74 万亿，证券公司资产管理规模达到 7.95 万亿，私募基金规模达到 2.13 万亿。

理财时代，方兴未艾

银行理财也是2014年发展最快的资产管理业务，据官方数据显示2014年末银行理财规模约16万亿，全年增长约6万亿。

高收益扮靓理财

银行理财核心竞争力在于其超高预期收益率，即便在降息之后，股份制银行3个月理财预期收益率依然高达5.3%，远高于同期限2.8%左右的存款利率和4%左右的货币基金收益率。其预期收益率几乎100%兑现，对居民而言与存款几乎无异，因而其对存款的替代也是趋势性的。

如果把理财看作是一种新的存款，其对传统存款的替代遵循产品生命周期理论。在2013年以前，理财和存款的比例在10%以下，理财产品发展处于普及期。而2013年末，银行理财规模达到10万亿，占100万亿存款的比例达到10%，从2014年开始银行理财的发展进入加速期，有专家认为，未来只有当理财和存款的比值达到50%以上才会进入成熟期，而目前理财和总存款的比例为15%，居民理财和居民储蓄的比值为20%，无论哪个角度都存在巨大的替代空间。即便考虑到理财存在5万元的门槛，但居民储蓄中5万元以下的存款占比仅为20%，因而理财对存款的替代仍是大势所趋。

高收益从哪里来

银行理财的崛起也是中国式利率市场化的标志。在国外大多直接放开存款利率上限，但会导致银行大量倒闭。中国的利率市场化对存款利率始终有管制和保护，采用的是放开理财这一增量存款的利率，因而同时也放开了其投资范围。

过去存款为王的时代，银行表内资金的 90% 左右投向贷款，剩余 10% 左右买债券，和股市完全绝缘。但在银行理财为王的时代，按规定 65% 以上的资金都必须配置包括股市和债市在内的资产，因而银行理财打通了居民储蓄和股市。

由于理财可以在股债之间灵活切换，其客户资金成本在 5% 左右，再考虑其管理费用，需要配路收益率在 6% 以上的资产。而在 2014 年年初，以工行为代表的蓝筹股息率以及以 5 年期 AA 级城投债为代表的债券收益率都在 8% 左右，经过这一轮股债大牛市之后，基本上这两类资产的分红收益率都降到了 6% 左右，和 5% 左右的理财成本基本相当。

从长期看，只要理财收益率高于存款利率的 3%，其扩张就不会停止。学界也有声音认为，随着理财对存款的“消灭”，所有分红收益率在 3% 以上的资产都具备投资价值。

做个任性的理财经理

对外要和各金融山头抢资金、对内要与其他银行争存款，高收益理财产品和高素质的理财经理队伍越来越成为多数银行，特别是股份制商业银行安身立命的法宝。更值得注意的是，在目前形势下，很多银行理财业务带来的中间收入占据了零售业务的半壁江山，理财销售对银行创收、对银行品牌的树立起着越来越举足轻重的作用。作为最生动的例子，A 支行的奇迹，特别是在零售业务上铸就的神话，同样离不开“理财特色”的金字招牌。

客户需要理财，银行倚重零售，理财经理自然是越来越吃香了，但究竟怎样才能摸透客户、搞清市场、玩转营销？在激烈的竞争中找到和发挥比较优势，通过提供差异化服务成为连接客户与银行不可或缺的纽带，继而通过打造特色品牌，成就银行业不可复制的营销神话，我基于 A

支行实践经验、营销实例和技巧总结汇聚而成的《银行理财经理营销实战宝典》正是破解其中奥秘的“圣经”。

《银行理财经理营销实战宝典》，是国内首本全面介绍银行理财行业状况、精密剖析理财经理的职业特点、归纳提炼金融产品营销技巧、推演再现各类客户沟通过程，集合一线银行理财经理实践经验、总结银行理财产品销售心得、突出新常态下商业银行理财业务创新亮点的银行理财经理必读书。全书分为七章，由吸引客户讲起，介绍了数种在实践中经过反复检验、被业内公认为最有效的快速拉升人气、吸收客户的营销方法，进而以理财经理工作中的真实案例为切入点，以案说法，详细分析了一名理财经理在成长中需要具备的三种素质——真诚、沟通能力、个人特点；“如果强调促进企业成长必须把焦点放在客户身上，那么，取得利润的增长就需要把重点放在恰当的客户关系上”，从我国银行业的实践来看，理财经理在维护“恰当的客户关系”上具有独特的优势和作用，所以在接下来的几章中重点围绕“理财经理——客户”这一主题，穿插与客户沟通中需要把握的关键、客户经纪关系的促成、金融产品营销技巧，涉及客户发掘、客户挖潜、危机化解、营销引导、关系维护等多条线索，多角度剖析、全方位解密了在贴吧、在朋友圈被神秘化，甚至妖魔化了的理财经理与客户的关系，并将对相关的经验技巧进行了前所未有的教科书式的阐述，对客户更准确、深入地了解银行与理财经理，对理财经理更高效、更合理地处理客户关系大有裨益。

接下来，《银行理财经理营销实战宝典》将视角转向客户关系外，理财经理最重要的三重关系——与柜台，不是水火，而是鱼水；与对公客户经理，公私联动出奇兵，对公对私真如神。如果说客户为“外”，领导和同事为“内”，那么“攘外必先安内”，广泛的实践反复用事实说明，只有团结的同事关系、只有家庭一样的工作氛围、只有学校一样的育人环境、只有军队一样的执行力与纪律，才可以支撑起小到一家网点、大到整个银行的发展与壮大。大河有水小河满，从个人的职业生涯规划到员工绩效薪资分配，银行理财经理需要懂得——自己的成长与进步，升迁与业绩都是建立在整个集体成长与进步之上的，即使自己再有能力、再有想法，只要集体的木桶上有短板，你也依然是一只装不了多少水的桶上一根长一些的板而已。

本书还有一项创举——书中对时下流行的社区银行经营实践结合真实案例进行深入解析，探讨了社区银行成为银行业经营趋势的原因、社区支行发展的必备区位条件、社区支行成长的四个阶段，特别加入了银行理财经理视角下社区银行的营销侧重等专题，以期借社区银行的试验田向广大读者更透彻、更清晰地展示金融大潮席卷下金融产品销售的新模式、新思路。

难能可贵、也颇感自豪的是，本书在总结过去、着眼当下的同时，以发展的眼光展望了银行理财经理职业的未来，指出理财经理需要营销技巧、需要勤奋的精神、需要汲取经验，更要有雄心壮志，要敢想，更要能做、会做。

总之，本书观银行理财业务一览无遗，谈产品营销技巧不留死角。就事论事一针见血，说理讲经独树一帜。源自一线，传授最新金融销售心得；贴近实战，快递最全理财经理法则。金融江湖，还看《银行理财经理营销实战宝典》指点迷津！

目　录

第一章
银行怎样聚人气

迅速拉升人气的“四板斧”

对于大多数新开业的银行网点来说，迅速拉升人气事关生死存亡。不是我危言耸听，事实确是如此。在银行网点经营实践中，我们常说：“一天没人，自己知道；两天没人，邻居知道；三天没人，客户知道。”而事实上，“春江水暖鸭先知”，客户对银行客流量大小是最在乎、最敏感的——有些银行网点门可罗雀，好容易来个客户办业务，面对围拢着她的几个工作人员，客户会满脸狐疑地问：“您这儿怎么没人啊？是不是要关门啊？”有些银行网点人满为患，路过的、办杂事的都跟着往里挤，越聚人越多，“大家都来，我就跟着来了，看看到底怎么了！”就拿我担任了五年行长的这家位居城中繁华地段的支行网点来说，每次理财集中到期总会排起长长的“人龙”，其中不乏放着隔壁银行 5.8% 的高收益不要，而跑过来买我们收益是 5.5% 的产品的客户，“大家都买，肯定有买的道理。”客户如是说。这里就要多说一句隔壁的这家商业银行了，它是实际营业面积达 5000 平方米的一座六层大楼，与我们同时开业，但五年下来，在员工人数比他们少一半，面积仅仅是他们的十分之一的前提下，零售存款、零售资产、零售利润却是他们的两倍。传统意义上，银行当然越大越有派头，但那并不是网店成功的必然因素。人气，比宽敞的面积、比富丽堂皇的装修重要得多。

人气 = 宣传（80%）+ 营销（20%），我们称这个公式为银行营销策略的“二八法则”。“营销就是让销售成为多余”，没错，对于一次成功的产品营销来说，前期的宣传、外在的包装在其中贡献了 80%，而理财经理的当面营销更多是起到引导、促成及维护关系的作用。综合实战经验，想要在短时间内迅速拉升人气，“四板斧”必不可少。

小单子

小单子指的是印有理财产品明细的广告传单。银行也需要发传单？！听上去着实让人把眼镜跌个稀碎，可你千万不要小看了这种土得掉渣、俗得出奇的“古老”营销方式，聚人气的营销方式首先要接地气，更何况，虽然看似很老土，其中的学问并不是一朝一夕就可心领神会、运用自如的。

发传单好比打仗，是要讲究战术的。行军作战要考虑时间、地点、作战对象、我方的火力配置、武器种类，战场进展顺利、战术实施效果良好的承接预案，吃了败仗、形势严峻的撤退方案，战斗结束后要及时总结经验汲取教训。发传单也是一样，首先就要考虑以下这几个问题：

留的地址详细吗？

宣传的内容吸引人吗？

发的人群对吗？

发的时长够吗？

哪个效果好，做调查了吗？

员工发材料是自愿吗？

发的地方对吗？

你发材料的时机对吗（理财高的时候）？

发的材料时效性强吗？

哪个报纸夹报最有效调查了吗？

投到报箱里有人看吗？

只发材料，做解释和导入了吗？

研究对手发的材料了吗？

早上中午晚上哪个时段发材料最好？

发材料遵守公德了吗？

发传单并不仅仅是递折页，更不是磨洋工、晒辛苦。在发传单过程中一旦遇到那些对理财产品感兴趣、对银行发传单感到新奇时，都应当立刻向他们做简单解说，营销上这叫发材料的导入。

A：我们银行就在前面不远，我们的理财不仅收益高、安全稳健，还有专业的理财团队为您提供专业的服务，期待您的光临。

B：那月底贵行会推出什么理财呢？我在农行有一笔钱要到期了，想转来做理财……

A：我行月底一定会有适合您的高收益理财推出，您是否可以留个联系方式给我们，以便我们及时通知您呢？

……

随着沟通的深入，客户的联系方式、姓名、周边银行和券商理财的特点、居民的消费水平、社区文化等信息都可以简明、清晰地出现在你随身的笔记本或手机上。在一次次这样的主动营销、有效沟通中，银行的客户基础在不断扩大与巩固；在一页页灵感与热忱编织的笔记中，银行对自身发展方向、发展模式的思考在渐渐升华。

单子上印什么很重要，关键是把好两道关：产品关、细节关。将哪些产品放在传单上呢？银行近期的销售侧重产品、日常销售数据中名列前茅的明星产品、针对改良目前销售结构“新瓶装旧酒”的新产品、换成客户喜闻乐见包装“旧瓶装新酒的”新产品，这都可以摆上货架，但需要牢记的是：不是客户想买什么，我们就买什么，而是我们想卖什么客户就买什么。

方寸之间的营销全在把握细节。

有段时间，下面社区支行的店长每天起早贪黑地发理财传单，鞋子都磨破了两双，但业绩却不见增长，非常沮丧，趁着空闲的机会，我主动“送诊”上门，接过她递来的传单细看，产品设置得很好，“××社区支行”几个字十分醒目，问题出在哪儿呢？正在迷惑的时候，抬头看见社区支行对面赫然有“××玻璃厂”的大型灯箱，再看传单上冷冰冰的“××路××号”，我才恍然大悟，社区支行所在的这条街足有四五公里路，谁有这么大的耐性为了买一个理财挨家挨户去找？更何况上面没有电话，即使想来也问不着路。事后，他们调查到“××玻璃厂”是区内的地标建筑，周围居民对它非常熟悉，就立即把地址具体到“××玻璃厂对面”。传单内容的小调整带来了立竿见影的效果，社区支行从此客流不断。

类似的还有诸如“突出法”——将想卖的理财用最大字号标出，占用相对多的版面，这样4%的理财也会比5%“高”；“省略法”——对于起息晚的理财产品主要渲染其稳健性、高收益性的优点，不写明具体的起息时间；“对比法”将低收益的理财产品与同期限定期储蓄收益、活期储蓄收益做对比，并附上“高于定（活）期储蓄几倍”的字样，使观者自觉抬高理财产品的“心理收益”……像这样的妙招还有很多，核心只有一个——以我为主，灵活运用。

关于传单的妙用，后面的章节中我们还会做更深入的总结。

LED大屏幕

我们网点与城中最繁华的商业步行街口只隔一条繁忙的马路，有时下班晚了，沿马路独行，看远近霓虹织成的万家灯火，看川流不息的车辆宛若天界银河，其中荡涤着多少人的发家梦。

走着走着回头望望网点方向，即使周围灯火辉煌，自助设备灯箱的光依旧那样醒目，是呀，要是在灯箱上的空白区域有个大屏幕就太好了！

打上我行的高收益理财，滚动播放，那广告效果得多好！想法一有，立马行动。经过几天的张罗，大屏幕建起来了，硕大的字幕打出来，高收益率异常醒目，完美极了！从那以后凡是有客户进门咨询，多半上来第一句就是："我看你们外面大屏上有个高收益产品……" LED 大屏就这样成为我们网点的"脸面"，大家都说，脸面光亮、财源滚滚来！

大屏幕的作用堪称"营销大炮"，反观我们常见的一些银行滚动屏、LED 屏，日常播放的多是反洗钱、反假币、反金融诈骗之类的宣传材料，这本身没有错，但作为以盈利为核心的商业银行，所有不能带来经济效益的占用都是对资源的浪费，宣传材料当然不可少，但名优产品、理财收益这些能吸引客户眼球，能为银行带来切实回报的内容，更应当出现在屏幕最显眼的位置；我们还观察到，有些银行网点虽然有屏幕、有产品介绍，但 1 小时前你看到的那行字"高收益理财选 ××，目前在售理财产品有……"的开头，1 小时后你再来看，才走到"有……"，LED 大屏、滚动屏是银行的脸面，这样慢的走法，留给客户的必然是超级懒惰、毫无生气的网点形象，人气自然稀疏，财源更不必多说。

除了以大字头滚动播放在售理财产品外，LED 还配有行内理财中心理财经理团队的照片和团队理念，正门通向大厅的门廊上则张贴了每位理财师的个人简介、所获荣誉，理财园地里的剪报、照片向所有客户诉说着理财经理们的奋斗之路，也在客户心中树立起理财团队"专业、诚实、优秀"的品牌形象，客户因此而生的信任感，也成为助推业务发展的动力。

$ $ $【宗师讲故事】

这个情人节，银行替你把爱说出来（图）

2 月 14 日，情人节。这天是汇聚世间最美爱情的时刻，这天是无

数有情人相知、相恋、走到一起的日子。2015年情人节，青岛市范围内的13家光大银行社区支行将开放LED屏幕，为您播放专属于您的爱情誓言。

今年情人节，你还想一个人过吗？赶快向心爱的人表白吧！2015年情人节将至，光大银行青岛分行推出情人节LED标语征集活动，从即日起到2月13日期间，岛城有情人可以到光大银行社区支行现场报名。报名成功后，光大银行社区支行将在2月14日当天在客户指定社区银行LED屏幕上滚动播放专属于您的爱情誓言。

2月10日，在合肥路北村新苑西门旁的光大银行合肥路社区支行，醒目的LED大屏幕上已经打出“2.14情人节，替你把爱说出来”、“这一天，许下我们爱的誓言”等标语。在爱心的装点下，营造出浪漫的氛围。合肥路社区支行王经理说：“今天是第一天报名，已经有不少年轻客户向我们咨询活动事宜。”想要在情人节脱单或向心爱的人表达爱意的你，不要错过这个浪漫的机会哦。（来源：半岛网－半岛都市报，文/图　乔秀峰）

营销感悟

社区银行的理财经理，情人节的时候，只要开卡便可以在社区的LED屏幕上打上他给情人的祝福语言，结果，情人节那天，社区支行门口人头攒动，人性化的服务，更赢得了小区居民的一致好评，这是一个点子的时代，一个好的点子可以给一个支行带来非常好的业绩。

小喇叭

“××银行，您身边的理财银行，全市一流的理财团队为您提供专业的理财建议，最好的理财献给最爱的你”——这是一家支行网点专门录制的宣传音频，每天在支行门边循环大音量播放，只要不下班，喇叭不停歇。有一位老客户曾经开玩笑说："早前没想过到你们银行来存钱，但抵不住天天从你们门口过，天天听着喇叭一遍遍播，晚上睡觉闭上眼耳边还是'××银行，您身边的理财银行'。

平时你可能有这样的经验，在人流密集的商业地段，那些聚拢了最多人群的商户，不管是开着门头卖面包的或是推车子卖驴肉火烧的都少不了一个小喇叭，我们支行下属社区支行的门口有个卖"大力胶"的东北小伙儿，一个破单子裹着几板万能胶，头上挂个耳麦，喇叭往边上一搁，"能粘长，能补短，能粘硬，能贴软，向前走走向前，机会就在你面前，错过我的万能胶，等于丢了二百元，这个胶不是一般的胶，这个胶不是三流的胶，这个胶是进口的胶，这个胶是呱呱叫的胶……大家别急，大家别挤，不着急不着忙，慢慢悠悠过长江，人人有份不用抢，不见不散不心慌！"嘴里念念有词，还不停地"以身试胶"，用胶粘起各种茬口，并声称围观的人中有人要能拔开，免费送胶。

开始我也对这种跑江湖的嗤之以鼻，但见过几次后，竟也开始用欣赏的眼光看他了，他的"营销"独具一格，每场"表演"都能吸引不少观众，卖出去不少胶，中老年妇女简直视他为偶像，即使已经买过好几次胶了，还要献出爱心买几管回家，他简直是个集魔术、评书、相声于一身的街头艺术家。唉，我们银行理财经理若也能这么有"魅力"，这么有"料"，还愁征服不了客户，提高不了业绩？没有小喇叭，多好的说辞我们也听不到，说小喇叭是街头营销撒手锏，很恰当。

赶大集

前面说的几板斧严格意义上说只是"杀招"，并不是"绝招"。前段时间，我家楼下的市场新开了家麻花店，小喇叭放得震天响、小传单发得到处是，我好奇地走了过去，居然看到买麻花的人足足排了20米长的队，还不断地有买菜路过的大叔大婶徘徊周围、加入其中，我顿时味蕾兴奋、口水上涌，这么多人买，肯定好吃，买！排队也买！足足等了半个小时才限购到“2斤”麻花，跑回家趁热一尝，不知道是心理作用还是真饿了，味道还真不错。接下来的一周，我又去“抢购”了几次，渐渐发现总是有些熟悉的身影在我前后排队，细细再一观察，这几个人在快轮到自己的时候，竟然偷偷走开，一会儿又回到队伍尾巴上，重新排起。噢！我恍然大悟，这商家抓住人们猎奇、从众的心理大玩饥饿营销，效果还真不错啊！

这给我们很大启发。在实践中，通过规划理财产品集中到期，形成“排队赶理财大集”的盛况，一旦长长的人龙排起来，什么营销、话术，不用你多说一句话，客户会抢着买你希望他买的产品。造成“赶集”场面，人头攒动间，大大降低了营销成本，提高了营销效率，增长了新客户的数量，这才是“四板斧”中的“绝招”。绝招，每发必中。

但正如武功可能适得其反上到自身一样，“排队买理财”带来的也不全是实惠，这一点后面我们还会谈到。

银行网点始终是主战场

理财经理的营销可以在任何地方、任何时间，但营销的主战场始终在银行网点，在厅堂一线。战场有了，对象当然是客户，那我们到底用什么做筹码交换客户口袋里宝贵的钱呢？我们每天说营销，不停地围绕营销讲技巧、讲故事，那营销究竟是什么呢？是营销产品吗？还是别的？在这里，我要负责任地说，“销售产品就是销售自己。你的吸引力决定了你的营销能力。那么，你的吸引力从哪里来？想让别人喜欢你，先要贴近对方、喜欢对方。要主动，不要被动，做银行不存在‘上赶着不是买卖’。”

美好的故事始于成功的搭讪

所有美好的故事都需要一个出彩的开头，厅堂营销，推出你自己的第一步，是搭讪。

成功的搭讪始于恰当的形象。没错，不是良好的形象，而是恰当的形象。说白了，做什么的，就要有做什么的样子。在银行做理财经理，你可以长得不帅、生得不美，但一定要干净利索，行为进退有度，说话掷地有声、内涵丰富，处理业务快捷高效，你可以看起来不像个营销员（最好是这样），但客户一见到你就自然而然地愿意信任你，喜欢联系你，心甘情愿帮助你。

形象很重要，理财经理的形象代表着银行的形象，我根据多年经验总结出了理财经理形象“七大忌”，七条说的都是平时不太引人注意、关键时又经常会“掉链子”的细节，如果这些细节都处理完美，你的职业形象或许会有质的改变。

1. 第一忌：签字笔不下水

有个段子，讲的是各行各业的口头禅，我记得警察的是“不许动”，老师的是“安静点”，令我感到意外的是银行员工的口头禅“我的笔呢？”

银行等金融机构经常要与客户签署各类的文件，有时还要上门为客户服务，如果在签署合同时出现签字笔不下水的情况则会非常尴尬，有时银行员工只带了一支签字笔，而会见客户的环境可能还没有多余的备用签字笔，这样就会让银行员工很被动，客户也会很难堪。我曾经遇到这样的情况，客户直接回答就是“你们银行平时不上门给客户服务吗？笔都没有还办什么业务？”从那件事以后我都要求员工无论是在网点还是上门服务都要携带两支以上的签字笔，而且每天上岗前必须检查签字笔是否能正常使用。

传说中专业的做法是，营销人员携带了一支超级精美的签字笔，找客户签约时，将笔双手奉上，并说：“能与您签约是我们银行的荣幸，行领导很重视，特地让我为您准备最高级别的礼遇，连签字笔都是特别为您准备的。”仅是这样想想我就被感动了。到了周一，我把这个想法在例会上一摆，没想到理财经理们的“发挥”更让人感动，小张建议我加上这句话——“这支笔是为您特别选购的，您的签字代表着对我们的信任和托付，这支笔也请您留下做个纪念，作为我们合作和友谊长存的见证。”听了这句话，你是不是也快被感动哭了。

2. 第二忌：肩背电脑包

银行的客户经理经常要带着电脑包上下班或去拜访客户，累了时就会不自觉地用一个肩膀背着电脑包，其实这样的举动会损害银行员工的职业形象，说得通俗些这样的形象更像走街串巷的是“推销员”而不是“职业经理人”，单肩背包会导致一个肩膀自然上倾，走路的姿势也会随之改变，有谁能在这样的状态下走出“金融气质”吗？当然不能。正确的方法是无论电脑包多重，都要硬着头皮用一只手拎着，并保持稳健的步伐，抬头挺胸，因为这个时候你代表的是一家银行的形象，而不是推销员。

3. 第三忌：不守时

作为银行的职业人士要以准时为职业操守，现在城市交通确实拥堵，如果是会见客户就要打出较长的提前量，宁可等待客户也不要让客户等待，如果确实没办法按时到达会见地点，也要立刻给客户打电话道歉，并说明迟到的具体原因，例如：车堵在什么地方，大概还要多长时间能到，深感歉意等，切忌没有任何音讯，等晚来半小时后，见到客户了才说“不好意思，车太堵了”，提前通知客户叫作“尊重”和“危机处理”，来晚解释叫作“借口”，性质和结果完全不同，大家自己细细体会：一名对时间要求极其严格的银行人士，会在客户心中树立绝对的诚信口碑，客户相信你一点就会相信两点三点，甚至更多。

4. 第四忌：发型独特

过去银行要求男性不能留长发，女性不能梳夸张发型，其实这个标准很难执行，首先不会有男生上了班还留长发，多长算是长发？其次是女性什么样的发型算是夸张发型？所以后来有些银行就干脆规定男性头发不能长过 5 厘米，女性长发必须盘头、短发不能过肩；我理解的银行员工不能发型独特，其意思是要中规中矩，有些男孩子刚参加工作，头发确实不长，但是明显过于“时尚”，这就会给客户一种不成熟不稳定的印象，如果作为金融机构的员工想要维护自己和单位的形象，却又不知道应该如何确定自己的发型，可以参考新闻联播主持人的发型。

5. 第五忌：上下装不统一、短袖扎领带

银行员工统一工装是基本要求，但是就有很多银行的员工到了单位后，把上衣换掉，下装还是普通的便装，我们经常会看到上身工装下身牛仔裤、休闲裤的银行员工在营业大厅穿梭，更有甚者女性员工还有穿着靴子上班的情况，这些都会严重损害金融机构的形象，如果是客户经理这样的穿着，我作为客户就会很怀疑这个银行员工的专业性和工作严谨性，对自己不负责任怎么能对客户负责任呢？

还有很多银行员工夏天穿短袖扎领带的，这样虽然看似统一，却犯了商务礼仪的错误，反而让懂行的客户认为这家银行的领导没有受过职业训练，按照惯例，职业装的短袖是不能配领带的，要么就是短袖衬衫配西裤，衬衫左胸处佩戴工号牌；要么就是长袖衬衫配西裤并扎领带，衬衫左胸处佩戴工号牌。

6. 第六忌：名片手改电话号码

其实，一名专业的金融从业人员应该长期固定使用一个号码，如果持有两个电话号码最好是一个移动号一个联通号，这样就能确保在任何情况下电话最大限度的畅通。如果客户经理的电话变了，那么他应该第一时间短信通知自己的所有客户，部分重要客户要电话通知。有的客户经理为了省事会在名片上手工改成新的电话号码，这样做不仅“业余”，而且对客户经理的形象损害也相当大。

7. 第七忌：错别字和用错标点符号

作为银行、信托、证券、保险等金融机构的员工经常要协助客户签约写字、读字必不可免，这时如果你写错或读错就会让你的客户大失所望，客户会直接怀疑客户经理的文化水平。理财经理小吴替小马值班，

恰巧碰到小马一位姓叫“褚赣”的老客户，小吴一直把“褚（chu）”当成“朱（zhu）”来读，接过名片满脸笑意的说：“您就是‘朱赣’吧？”一旁的人们立马投来好奇的目光，客户的脸瞬时阴沉了下来：“我叫褚赣，不是‘朱赣’！”小吴红着脸赶忙道歉道，“对不起，对不起，我一直把这个字念‘zhu’呢，谢谢您，今天教会我一个字，您是我的老师，谢谢老师！”客户看他确属无心，也未再纠缠，小吴这才化险为夷。

金融从业人员要准备文字较多的材料，要给客户发送邮件或短信，正确的文字和标点符号的运用就显得非常重要，一名严谨的金融从业人员即使是对短信息的标点符号也非常的谨慎和准确，如果我们是客户，每次接到银行客户经理发的短信都是错别字和错误的标点符号，我们会有什么感觉呢？相反又会怎样呢？这些细节都可以证明客户经理的金融素质和态度是否严谨，对于客户选择非常重要。

我们常说，一个理财经理的形象决定了他的业绩，保证了他的收入，确定了他的事业发展，进而决定了他一生的命运。至少在理财行业里，这被反复验证，理财经理吃的是台面上的饭，形象不恰当，会吃大亏。

成功的搭讪需要找到交集。你会和客户搭讪吗？我经常这样问银行的理财经理，大多数人的第一反应是凝目思考并承认自己会紧张、会迷茫、会无从开口，但如果把问题改成“你会和美女搭讪吗？”大家一下子显得轻松了许多。

上学的时候，有次和同学在公交车上碰到一个美女，大家打赌，搭讪成功的人可以免费享受一顿自助大餐，同学小S自告奋勇，移到美女旁边，很自然地问了一句：“美女，几点了？”“五点四十。”美女看了下表说。“呀，我的表也五点四十了，缘分呐！”周围的人全笑了，美女也“扑哧”一声乐了。小S趁机发起进攻，你是哪个学校的？你认不认识谁谁谁？咱们还是一个高中的啊？你上哪去……我们都下车了，他还陪着人家姑娘多坐了几站。前几天，看到他发的朋友圈，结婚了，爱人正是那位美女。

在营销中，推动搭讪成功聊天的也是彼此的交集，那交集该怎样找才合适呢？话题切入点很重要，切入点因人而异——对于带孩子的老人，孩子必然是切入点，照看孩子是她们生活的重心，一谈到孩子就打开了他们的话匣子；对于保养得宜穿着时尚的女士，美丽就是切入点，夸赞她们永远年轻于实际年龄的外表，立刻会让她们心花怒放；对于大腹便便趾高气扬的男性，除了赞叹他们精力旺盛、活力四射，更得意的事——只要他们主动说自己的孩子多么厉害，多么孝顺，赶紧跟上，此处应有赞美声。单就性别而言，女性更喜欢倾诉，这需要你两手托腮、目光湿润，像孩子一样倾听；来自男性的心声吐露很少遇到，但话匣子打开也很难关上，往往以离退休老干部为主体，话题主要围绕“想当年”，所以不仅要倾听，还要做笔记。

说了许多，但别忘了，作为理财经理，最简单直接与客户搭讪的方法就是那句——您好！您想了解一下理财产品吗？

完美的沟通需要共同的语言

尽量用欣赏的眼光去看待每一位客户，真诚地对待他们，而不是逢场作戏、假意逢迎着维系单纯的“买卖关系”，客户黏性、忠实度才能有足够长久的保质期。但真正的沟通、真诚的交流并不是那么简单，即便有再多的切入点找到一时的交集，因为没有更多深层次的共同语言，时间长了，客户会厌倦、理财经理也会疲劳，如恋爱进入疲劳期，就容易被“横刀夺爱”。

理财经理老张，和我是老相识了，他的客户见到他从来不摆谱，男的都和他称兄道弟，天南海北，无所不谈；女的都把他当“男闺蜜”，但凡家里做了好吃的，必然给他捎点儿。我非常好奇，问他有什么诀窍，他悄悄告诉我，“三个字——万金油”。原来老张这个人兴趣广泛——股票、基金、债券、信托、资产管理、期货、衍生品，样样讲得头头是道；钓鱼、骑车、远足、射箭、打球、打牌、打麻将，包括织毛衣，件件说得有条有理，谁和他聊天都能聊到一起去，和他在一起都感到轻松有聊。很容易产生“知音难觅”、“这些话也就你能懂”“这种痒痒只有你能挠”的感觉。他的工作和生活已融成一体，流畅自然，他的工作很快乐，他的生活很自在，如鱼得水。

如鱼得水，这是理财经理工作的一种境界。要达到这种境界，需要有足够宽的涉猎维度，强烈的学习动力，浓厚的工作兴趣，和为了使工作臻于完美而悉心钻研的不竭热情。多年的经验告诉我们，一个事业成功的人，必然是一个热爱生活、把生活雕琢成艺术品的人，这对于理财经理同样适用。

千锤百炼磨砺技巧

手机里存有客户手机号的多少是区分新老理财经理的重要标志。新理财经理初登岗位，处理客户关系还比较稚嫩，见到小客户过分热情、恨不能围绕5万元聊一天；见到大客户，看到一个数字后面跟了六七个零，就手心冒汗，呼吸困难，话不成句，两腿颤颤，目不直视，仿佛空气都凝固了一样，更不要说问客户要手机号和联系方式，做好售后服务了。

所以，当一个理财经理敢向客户要电话了，他就迈出了成为真正理财经理的第一步，具备了一定的自信和沟通能力；当他开始经常性地给客户发短信、发微信介绍产品，他就迈出了第二步，具备了营销的嗅觉、掌握了营销的基本手段；当他开始给客户发有价值的信息，通过这些信息引导客户购买产品，形成自己的客户群体，并能深度挖掘其中的潜力，客户非他不信，那他就完成了第三步，基本合格了；当老客户帮他介绍新客户，更多客户慕名而来，客户们都对他言听计从，那么恭喜这位理财经理，你已经是理财经理中的“战斗机”了。

有研究说，要成为一个领域的专家，至少要在这个领域花费一万个小时。由此看来，理财经理的练级过程长短，完全取决于你所能见识的客户数量，努力结识尽可能多的不同类型的客户对新理财经理的成长至关重要。

人人理财，处处专业

纵观目前银行业的发展趋势可以做出这样的判断——未来的银行将不会再有局限于某种产品的专员岗位，也不会再重复性地为多种不同产品设置那么多独立的岗位。专业人士将负责一系列的产品销售，同时还需要掌握其他银行产品的销售与维护技巧，甚至是直接参与到产品设计的研发中去。未来银行业根据自身发展需要更多综合性的人才，未来的厅堂也同样需要的是综合性人才，而不再是遇到客户咨询专业性的问题就马上想到转介给理财经理或财富顾问的服务性员工。大堂经理是产品营销的第一关，是服务客户的第一线，是银行形象的第一面，大堂经理的营销水平在很大程度上决定了一家网点的销售业绩。

业务当先

我们网点在培养综合型人才上，走到了前头——上至行长下到保安，不管是理财经理还是对公客户经理，网点里所有工作人员都能就理财产品做专业化的介绍，都能根据自己的专业知识为客户提供理财建议。有其他银行的同仁来取经时曾对我说：“你们银行保安的水平都快赶上我们的老理财经理了！”人人理财，处处专业，在业务上你追我赶共同进步的氛围非常浓厚，这是我们能取得卓越业绩的重要原因。

据 2014 年一份“对部分国有行及城商行厅堂服务的问卷调研”数据显示，超过 57% 的大堂经理没有购买过基金或基金定投，其中还包含了 36% 的大堂经理不知道什么是基金，这对于现在处于高速发展阶段的银行来说是一组多么可怕的数据。

现在大家都在讲转型、讲升级。在各大银行都在大力推行网点转型的过程中，虽然都将最初的“交易型网点”转为“营销性网点”，但是很多银行员工只知道营销产品的技巧却不知道产品的基本属性和概念。作为银行从业人员，无论在哪一个岗位都需要充分了解银行各条线的产品，甚至要能够帮助客户介绍或者分析产品。只有全面了解产品，才可能帮助客户配置出最适合客户情况的产品建议。银行营销，决胜大堂。作为银行大堂人员，熟练运用各式各样的理财方法迫在眉睫。

如果大堂人员对产品属性和概念都还不太清楚，建议其在日常工作外可以多看一些浅显易懂的有关产品介绍的书籍，诸如一些通过案例和趣味故事来讲解产品特性的书籍，例如《拱出银行的小猪》。这本书与时下充满专业术语的投资理财书不同，它是以讲故事和案例分析的形式，通过“善财童子”拜访“财神的十二弟子”之旅，逐篇介绍股票、基金信托、保险、房地产、期货期权、外汇、贵金属、收藏品、实物投资等十二项投资品种，分别提示了其不同的“财性”投资来说明理财其实并不复杂，关键在于扼其要领，书中介绍的各种投资窍门可以给客户带来实实在在又相对简单的投资建议。这样大堂经理一方面可以通过这本书积累产品知识；另一方面也可以积累书里面的案例故事，在与客户交流时能够帮助客户快速了解产品。

如果大堂人员对产品有一定的了解和掌握，但是仅仅熟知基本产品对于现在的客户需求还是远远不够的。推荐大堂经理在平时多看一些专业投资类的书籍，在书籍选择上应更偏重于实战，例如《个人理财丛书》就是非常不错的选择之一。这本书从国内外个人理财发展现状的介绍及分析再到银行理财产品讲解都非常细腻和系统化，适合大堂经理进一步掌握产品投资技巧和知识补充，有利于以后在厅堂发现有投资经验的客户快速展开话题，同时使客户感受到大堂经理的专业性。

如果大堂人员对产品投资有一定的经验：既对基本的产品有一定的了解，又对产品投资有一定的经验，那么大堂经理下一步就需要补充学习一些实战知识了，例如走访所在地区厅堂管理与服务较好的银行，去学习他们的厅堂作业流程、理财经理挖掘客户需求的技巧、资产配置的报告书、处理客户反对异议的方法等，同时在走访过程中，可以将那些平时被客户询问得哑口无言的问题抛给他行的厅堂人员，看他们是如何回答这些问题的，也为自己下次遇到同样问题时拓展一些思路。然后，每个月再将这些方法汇总进自己的营销心得。这样无论自己将来遇到的是需要了解产品的客户，还是遇到“问题客户”都可以给予专业建议，同时增加自己处理客户反对异议的能力，在体验他行厅堂服务流程中帮助自己不断提升自己的服务。

仔细观察，耐心聆听

通常，工作多年的大堂经理们在积累了丰富的服务案例，沉淀了多年的实战经验后，很多人就已经停止了进修。大堂经理们不应该仅仅只是每日在自己的网点用固有的方式去维护和营销客户，而要经常去其他银行网点看一看，去同业那里体验一下最近几年转型后的高效、创新、联动、精细的网点经营和营销模式，会给自己带来收获，并激发出新的营销和服务思维。

虽然有些大堂经理已经具备一定的专业理财经验，但是对于客户需求的挖掘和把控还有待加强。我们知道，现在越来越多的客户购买产品时需要具有个性化的最适合自己的产品，这一点在后面的章节我们还会谈到。尽管现在很多大堂经理都已经受过大量的培训，总结出了潜力客户在衣着外貌、交通配备、语言谈吐等这些表面特征上的识别技巧，但实际工作中需要的不是死记硬背式的识别技巧来挖掘客户需求。大堂经理还应注意培养以下几个方面来增强分析客户需求的能力：

1. 学习观察客户行事动机的能力

研究发现，人们在下意识里喜欢那些与自己相似的人。不管他人是在行为上、观点上、兴趣爱好上，还是生活方式上与自己相似，又或者仅仅是共处于同一个区域，这些都会使自己对他人心存好感。因此，当大堂经理在厅堂不知道如何与潜力客户开始交谈时，或者当自己在向潜力客户推荐产品而被拒绝的时候，可以在等候区的一侧观察这位客户。除了所要观察的外貌特征以外，还需要观察客户在与其他人沟通或者打电话时的说话方式、语言用词、处理问题的倾向等，直至判断出客户的偏好后再进行服务和营销。接着，再以这位客户偏好的方式与其交谈，就会发现自己提供的服务和营销越来越贴近客户的需求。想要锻炼出“火眼金睛”的能力，还需要配合心理学方面的书籍，推荐看一些客户心理学和行为学读物。销售是一场心理博弈战，谁能够掌控客户的内心，谁就能成为销售的王者。在厅堂销售的过程中，恰当的心理策略能够帮助大堂经理取得成功，使得销售成功的概率增大。

2. 提升主动聆听客户的能力

如今，聆听的重要性被越来越多的营销人员认可，一个成功沟通的秘诀是：能言善道不如洗耳恭听。在聆听之后不但能够获得一些有价值的信息，也能够通过聆听结交到很多朋友。大堂经理在厅堂与客户交流的过程中，不但要学会倾听，更要善于做一个主动的聆听者，鼓励客户多表达。当大堂人员听到客户有不同见解时，应该继续保持倾听，努力揣摩客户的意图，前后连贯，这样会增进自己对客户的理解，从而判断出客户的真实需求，最终能够一语中的。

如果大堂经理不知道如何开口时，不妨先锻炼自己主动聆听的能力。聆听需要通过记录沉淀，及时在大堂经理工作日志簿上写下有价值的信息，帮助自己与客户下一次沟通中获得成功。这里需要特别注意，记录时切忌长篇大论，应按照信息的逻辑性和重要性来做记录，保证简洁且具有价值。

服务制胜

随着零售产品的不断研发及服务的持续优化，来网点办理业务的客户也越来越多，随之遇到的问题就是：大堂经理如何有序地应对不同需求的客户。即便银行有了明晰的日常服务规范，一旦忙碌起来的大堂经理就顾不上了。很多客户就在不经意间，离银行网点越来越远。

因此，一方面在服务礼仪上，大堂经理需要在晨会、夕会上坚持训练，保持标准的站姿、坐姿、手姿，最好是能够在晨会上演练“厅堂多位客户同时办理业务时”的服务流程与规范，以确保无论是在闲时还是忙时都能够满足客户的服务需求。

另一方面是在厅堂接待礼仪上，大堂经理是否能够在客户来到网点三次后准确叫出客户的姓氏？是否在客户来到网点五次之后明确知晓客户的投资偏好？如果能在客户来到网点时直接称呼客户的姓氏，就会发现大堂经理和客户之间的信任已经逐渐建立起来并且能获得客户的喜爱。这些实际上都是接待客户的礼仪，那么这些识别客户的礼仪应该如何在日常工作中学习积累呢？以下给大家分享四个学习步骤。

第一步，大堂经理可以选用活页夹建立厅堂客户的档案卡，每天将新建的客户档案卡在下班前看一遍，主要记录那些可以深入挖潜的高端优质客户信息，尽量记住客户的姓氏及产品相关信息。

第二步，将这些档案卡按照客户产品需求分成几大类，例如定期类、理财产品类、基金类、保险类等，再按照客户姓名首字母排列每一位客户。

第三步，每周再对本周新增厅堂客户档案整体查看一次，并有计划地与这些客户电话或短信联络。

第四步，当新增客户越来越多的时候，将每日新增的客户放在档案的最首页，每天熟悉这些客户，直至牢记，再将它们放进所属的客户类别中。

厅堂营销也是学习积累的过程，这种客户管理方法在我们网点应用后对客户关系维护、客户潜力发掘大有帮助。当大堂经理建立起这套档案并熟练的运用时，就会发现越来越多的客户开始熟悉你这位堂经理并能轻易称呼出你的名字了。

$ $ $【延伸阅读】

大堂内外维护客户的技巧

数年前，我到某商业银行绍兴分行调研，见到一位大堂经理。那位看上去有点腼腆的小女生，大学毕业才三年，但凭借自身认真细致的服务，业绩超过了很多工作多年的专职客户经理。调研中，她拿出了她的独门“秘籍”——厚厚的一叠笔记本。翻开这些笔记本，只见上面密密麻麻地写满了客户的个人信息，来银行的时间，购买产品的金额等。她介绍说，自己服务客户没什么经验，就是利用在大堂的机会，尽量与来前办理业务的每个客户进行沟通，将相关信息仔细记录下来，通过多方了解对这些信息进行完善并仔细分析，然后有针对性地向客户推荐合适的产品和服务。

交谈中，她透露了自己的担心与纠结：这样的服务手段虽然得到了客户的认可，但她自己却是越来越力不从心，记笔记的方式尽管实用，但是很多关键信息难以反映；平时工作非常忙碌，上门的客户越来越多，她一个人往往顾此失彼；为保证服务质量，她只能有选择地服务好一部分客户，一些熟悉的小客户渐渐地开始抱怨，等等。

近些年来，国内商业银行纷纷引入客户关系管理（CRM），探索建立规范、有效的客户服务体系。作为一种以客户为中心的管理理念和服务策略，客户关系管理有助于商业银行在激烈的市场竞争中改进银行与客户之间的关系，提高客户满意度和忠诚度。但从实践看，部分银行客户关系管理的效果并不理想，甚至流于形式，有时候还存在一定偏差。上述这位大堂经理的担心与纠结，也从一个侧面反映了分支行在个人客户关系管理工作中面临着的困惑和问题。

问题一：记笔记还是用系统记？

各行推行客户关系管理过程中，标志性工作是建立客户关系管理系统（CRM 系统）。CRM 系统有操作型（Operational）、分析型（Analytical）、协同型（Collaborative）等3种，在分支行层面，经常需要用到的是操作型，即OCRM系统。如建设银行的OCRM系统，可从各个业务系统等采集各类信息和数据，自动完成客户的挖掘、筛选、评价，提供丰富的客户关系维护手段，并直接为客户提供和办理全面的金融服务。

但是，就是这么一个功能强大的“利器”，在分支行客户经理和主管们那里，往往不受待见。2013年，我所在分行开展零售网点二代转型时，通过多种形式要求专职个人客户经理和主管积极使用、利用CRM系统，并将系统应用情况作为客户经理考核评比的重要指标。即便如此，系统使用情况还是不尽人意。究其原因，主要有：一是习惯使然，“好记性不如烂笔头”，在笔记本上记录和查找信息被认为更可靠；二是观念滞后，对系统了解不够、不深，没有充分认识到CRM系统对客户关系管理的重要作用；三是培训缺失，加上系统本身也存在一些小缺陷，特别是推广初期需要投入较多的时间精力，使得客户经理和主管抱怨较多。

“工欲善其事，必先利其器。”CRM系统作为一项基础性工具，使客户关系管理从手工作坊升级到信息时代，有助于事半功倍地开展客户维护与服务。从我的观察来看，那些系统使用得较好的客户经理，其业绩往往也比较突出。尽管少数工作年限较长的客户经理，不使用系统也能保持较好业绩，但是他们所服务的对象一般局限于50~80个熟悉的客户，而使用系统的则可扩大到300~400个客户，包括部分原来未接触过的陌生客户。从分支行的角度看，如果没有系统支撑，就很难在全行范围建立起规范统一的客户服务体系；客户经理主管难以对所在机构的客户资源进行全面分析和调配，对客户经理日常指导和考核也失去了可测量的依据。一旦客户经理工作调动或辞职，那些记载客户信息的笔记本将随之而去，那就更是损失惨重了。

结论：磨刀不误砍柴工，必须果断用系统！

问题二：走出去还是坐下来？

分支行行长常有这样的矛盾：我们对客户关系管理是十分重视的，但的确没有时间来做这方面工作，我们的客户经理都出去营销新客户了。这种“重营销，轻服务”的现象还是比较普遍的，反映了商业银行对客户资源争夺的焦虑心态。

客户经理应该是以营销为重，还是以服务为重？我们有必要进行反思。从实际看，除少数新开设的分支机构外，多数银行的个人客户经理应将工作重点放在客户关系管理上。首先，挽留一个老客户比营销一个新客户更容易，成本也更低。研究表明，保持一个老客户的成本仅为获得一个新客户的五分之一。而大多数商业银行，经过多年的发展和积累，已经形成了数量可观的存量客户群体，客户经理完全不必舍近求远。

其次，服务本身就是一种营销。一项针对美国汽车行业的调查表明，如果1个客户对服务感到满意，那么他会告诉身边25个朋友，其中有8个可能是潜在客户，并且有1个最终会成为真实的购买者，这被称为“1: 25: 8: 1法则”。相反的，不好的客户体验也会对潜在客户带来负面影响。

因此，个人客户经理和主管首要工作是踏踏实实坐下来，做好客户关系的维护和服务。而CRM系统推广使用，使得客户经理足不出户便可洞悉客户动向。

一是要对系统中的客户信息进行完善，对其他渠道收集到的信息及时进行录入和补充，并根据客户情况的变化适时修改，确保客户信息的真实完整。

二是对系统中的各项业务数据和非业务信息进行整合、加工和挖掘，尤其是要重点分析客户的资产结构、变动趋势和风险偏好，据此制订服务方案。

三是建立动态维护机制，当客户生日、发生交易、账号变动或者等级升降时，根据系统提示，与客户保持良好沟通，并采取相应措施为客户提供服务。

当然，这并不意味着一定要困在银行网点，抱着CRM系统“守株待免”。必要时，客户经理应该走出银行，上门拜访客户，进行主动营销。尤其是要充分开展“接触营销”，利用与客户的每次接触机会，尽量收集客户的各种信息，挖掘和引导需求，提供合适的金融产品和服务。同时，通过与客户多次有效的接触，建立起稳固忠诚的关系。总之，一方面要学学“坐商”，耐住寂寞坐得下来；另一方面要学学“行商”，挺起胸膛走得出去。

结论：坐得下来、走得出去，你就无敌了！

问题三：大客户还是小客户？

客户关系管理，在实践中往往直接体现为对大客户的关系管理。当前，商业银行都以一定标准将个人客户划分成三六九等，并将几乎所有资源集中于对大中客户的服务，小客户经常被视为劣质客户。

在银行服务能力和资源相对有限的情况下，甄选出那些可以为银行实现利益最大化的客户十分必要。而意大利经济学家帕累托的“二八定律”，似乎也为客户细分和差别化服务提供了理论支持。不过，这不是绝对的，需要注意以下两个问题。

第一个问题，要辩证地看待客户的大小。商业银行衡量客户大小，基本上以一个时间段内客户在本行的金融资产总量为标准。一个时间段内客户账户里存款不多，很少购买金融产品，并不一定意味着客户实力不强。尤其是从事强周期性行业的客户，其资产往往随着经济周期的往复而变化。而在本行金融资产较少的客户，还有可能恰恰是他行的优质大客户。所以，客户的大小是相对的，而且是可变的。对于那些账面上的小客户，要深入分析其账户的历史变动，多渠道了解客户的生产经营及总资产情况。对其中的潜力客户，更要持之以恒关注，做好日常跟进服务，说不准那天就收获了惊喜。

第二个问题，小客户同样也可以带来大收益。2014 年，由于实体经济和资本市场不景气，某商业银行浙江省分行多数私人银行级客户的资产出现大幅度缩水，客户数量和存款都出现了 20% 的负增长；而资产在 1

万~50万的普通客户，则为该行带来了70%以上的新增存款！这就给了我们一个很重要的启示：小客户虽单户资产较少，但数量庞大，而且对银行服务敏感，容易覆盖产品，只要措施到位，服务的边际效用很高。当然，对小客户的营销和服务，要更多借助电子化手段，做到高效率、批量化。此外，还可以针对小客户开发一些标准化的服务套餐。如交通银行，对季均资产1万~5万元的客户推出“快捷理财”品牌，依托电子渠道，提供以“一个团队、两个免费、三重服务”为特色的便捷服务和差异化功能定价，受到了客户欢迎。

结论：客户是上帝，小客户也是上帝！

问题四：单兵战还是团队战？

在个人客户关系管理中，往往比较强调“一对一”服务，即一个中高端客户相对固定地由一个客户经理专职为其服务。除极个别顶端客户外，一个客户经理一般是服务一批客户的，实际上这是“一对多”服务。

在这种服务模式下，客户经理的职责十分明确，业绩也易于考核，也有利于保持服务的私密性，但也存在着一定不足：客户经理的能力和素质总是有限的，单兵作战不容易给客户全面周到的服务；在客户数量较多的情况下，客户经理有时候需要同时面对多个客户，力不从心；客户经理的岗位变化往往使得服务青黄不接，甚至出现服务空窗期；长期由单一客户经理服务客户，也容易导致客户资源“私人化”。

所以，分支行可以适当进行完善，变“一对多”服务为“多对一”服务，由以往的“一个客户经理服务多个客户”转变为“多个客户经理服务一个客户”，即将客户经理单兵作战提升为团队作战。

一是实行“双客户经理制”。即为一个中高端客户同时配备两个客户经理，并明确一个为主、一个为副。日常服务由主客户经理承担，在主客户经理休息、休假等情况下，由副客户经理负责服务。考核上，以考核主客户经理为主，同时按一定比例与副客户经理挂钩。当主客户经理离职，副客户经理自然变更为主客户经理，实现服务的无缝隙对接。

二是建立客户经理小组（团队）。单个客户经理各有所长，将他们组合起来，便形成综合的团队优势。对于高端客户，要发挥团队的力量，组成客户经理小组为其提供更专业的服务。小组由客户经理主管召集，汇集不同专业背景、精通各项产品的精英，并建立合理的利益分享机制。小组在研究理财规划、制订服务方案时可以充分讨论、各抒己见，面对客户时保持协调一致。

三是实行"首席客户经理制"。客户关系管理不只是客户经理的事情，而应是全行的共同行动。尤其是大型商业银行，分支行的分管行长不仅要充当一个袖手旁观的管理者，还要身体力行，直接维护和服务一批重点客户。这一方面能提高客户服务的层级，给客户更尊崇的感觉；另一方面，也为客户经理起到榜样示范作用。上级行要对分管行长担任"首席客户经理"的客户总资产增长、客户满意度提升进行量化考核并予以公布，并与其个人绩效挂钩，使这一制度真正落到实处。

第二章
理财经理的看家本领

理财经理的岗位职责

银行盈利全系于钱进钱出的资本运动，理财产品为代表的零售业务是其中重要一环。有人对理财经理职业有这样的描述——“银行理财经理说得具体一点是一项工作，说得复杂一点是一个职业，说得纯粹一点就是那传说中‘拉存款的人’”。

在银行理财业务实践中，我们对理财经理岗位职责有如下归纳。

优质客户挖掘拓展

系统挖掘、理财中心其他岗位人员推介、优质客户推介等渠道，主要在理财中心内部积极开发优质客户资源优质客户关系维护：了解优质客户信息，建立并管理优质客户档案；有计划、规范性地进行客户关系管理工作；为优质客户提供优先、优惠和附加值服务；与优质客户建立长期、稳定的关系，提高客户满意度和忠诚度。

为优质客户提供专业化的理财服务

根据客户需求为其提供专业投资理财建议和筹划，帮助客户的资产组合达到最优化，并定期调整，最大限度满足客户需求、提升客户价值。

积极开展针对优质客户的产品与服务营销

结合客户需求和产品特性，有针对性地向优质客户进行相关产品和服务的营销；向客户提供或者推荐组合型产品，不断提高交叉销售率。

严禁泄露客户资料和个人隐私

严格执行相关经营政策及运作程序，密切关注市场及客户情况变化，积极防范风险，维护银行与客户资产及权益。

今天的金融市场，有那么多的银行、各种丰富的理财产品，要吸引并牢牢黏住客户口袋里的钱，实现“财源广进”有几个方面的素养是银行理财经理必须具备的。

不可拒绝的真诚

一堂理财经理培训课上，老师问在座的理财经理：“和客户打交道最重要的是什么？”有人说是心计，有人说是恩惠，有人说是服务，当有人说出“真诚”时，大家先是一愣，接着都笑了。是啊，你面临着高风险理财产品必须要完成的沉重销售任务时，压力山大，老客户问你“保不保本”，你是否要真诚？某低收益保本理财产品销售量直接与你的绩效挂钩，而客户不愿意购买，你该怎样真诚？在客户的利益可能和你的钱包相冲突时，你是否能够真诚？

真诚需要在循序渐进中培养

有位银行理财经理Q，女，性格活泼，爱说爱笑，年纪不大已经是某银行的客户部副经理了，身边人都说她的客户特别“仗义”，一旦她手头有任务，只需一个电话，立马有人拔刀相助，要存款有存款、要理财买理财，大家都好奇个中缘故，她微微一笑，说：“客户够‘仗义’，你得先够‘仗义’。”原来，对于工作中结识的新客户，她往往推荐高收益产品，并将产品的风险性、收益率、历史表现一五一十地和盘托出，帮助客户在尽量多了解产品、了解理财的基础上，自行做出选择。一旦银行推出了高收益产品，她会第一时间通知客户，等客户来了，她就跑前跑后帮客户办好一切手续，让客户满意而归。如此，一来二去，客户觉得Q这个理财经理待人特别真诚，而且总能想他人所想，急他人所急。久而久之，客户们都认可了她的说法，习惯了她的安排。

有经验的理财经理都会在与客户的沟通中适度、适当、适时地讲实话，给客户“交底”，从客户角度出发、以银行利益为落脚点，讲求沟通技巧，而不是“如饥似渴”、使出浑身解数地“蛮力”式营销，有时候主动示弱、不那么伶牙俐齿，反而效果更好。

$ $ $【宗师讲故事】

盲人的灯

漆黑的夜晚，一个远行寻佛的苦行僧到了一个荒僻的村落中。

苦行僧走进了一条小巷，他看见有一团晕黄的灯从静静的巷道深处照过来。

一位村民说：“瞎子过来了。”瞎子？苦行僧愣了，他问那位村民：“那挑着灯的人真是瞎子吗？”他得到的答案是肯定的。

苦行僧百思不得其解。一个双目失明的盲人，他根本就没有白天和黑夜的概念，那他挑一盏灯岂不可笑？

那灯笼渐渐近了，百思不得其解的僧人问道："敢问施主真的是一位盲人吗？"

挑灯笼的人答道："是的，自从踏进这个世界，我就一直双眼混沌。"

僧人更疑惑了，问道："既然您什么也看不见，那为何要挑一盏灯笼呢？"

盲人缓缓地向僧人说道："您是否因为夜色漆黑而被其他行人碰撞过？"

僧人说："是的，就在刚才，我还不留心被两个人碰了一下。"

盲人听了，深沉地说："但我却没有。虽说我是个盲人，但我挑了这盏灯笼，既为别人照亮了道路，也是让别人能看到我。这样，他们就不会撞到我了。"

苦行僧听了，顿有所悟。

营销感悟

支行的理财经理F刚来的时候，他看到大家为了单纯完成任务都在推定期存款和保险、基金等创效高的产品。但经过观察，他发现，这个支行的客户都是中年人居多，从理论上来说，中年人抵御风险能力强，应当追求相对稳妥的高收益理财，所以他便积极营销高收益的产品。

一开始，因为他很少推荐有任务的定期存款等产品，所以业绩始终排在后面，但是半年后，他的业绩却突飞猛进。

因为F给大家带来了高收益，大家都很信任他。他的客户也不断地给他介绍一些新客户，所以他才取得了那么好的业绩。

理财营销也同样如此，给别人带来方便的同时，也会给自己带来方便，多替客户着想，客户才会替你着想。

真诚，要见行动

有一次，有个人盯着银行大屏幕上滚动的理财产品信息看了许久，银行的理财经理小B主动迎上去向客户推荐，原来客户看中了一款保本型理财，向小B确认是否在产品说明中有明确“保本”条文，在得到肯定答复后，他留下了一句“我回家去取存折”后便转身离去了。这样的客户太多了，小B并没当回事，没想到客户不多时真的回来了，拿出一本F银行存折，“个、十、百、千……百万，一百八十万！”保本理财是有销售任务的，如果营销成功，可能带来丰厚的回报，正当小B心花准备怒放，满脸堆笑催促客户去转账办理业务时，客户脸色一变，为难地说：“我忘了，我这将近二百万存了定期，还没到期呢，现在提出来就亏大发了，要不我过段时间再来存吧。”小B顿时觉得犹如晴天霹雳，但要是让这么大的鱼跑了，那真是太可惜了。小B灵机一动：“大哥，这样吧，我刚才向领导请示了，您今天转过来购买理财，以后每个月我们送您十斤面粉或大米，这款理财的期限是180天，过了180天即使您不在我们这里存了，大米、面粉也照样送，送一年，您看好不好？”“痛快！你们银行服务就是周到！我这就转账去！”说着话，客户乐颠颠地奔着F银行的方向去了。据说，F行的柜员再三提醒客户定期尚未到期，提前支取将按活期计息，可他还是“义无反顾”地转走了钱，并对F行柜员说：“你们的服务比起人家差远了！”

这其中难道只有服务在起作用吗，恐怕不全是。真诚要逐步建立、要有真情实感，但是必要时，“意思意思”也是非常重要的。

现代市场经济是信用经济，客户信任银行才会把钱存到银行，理财经理得到客户信任才有机会营销成功，信任基础有多牢，客户同银行的关系就有多厚重，假意逢迎、虚与委蛇是不会支撑起一家银行的诚信基业的，更别论做大做强，理财经理的营销圣经中没有“打短线”。

有说法、有做法还要有想法

前面刚说完真诚，接着就说“演技”，好像很矛盾，其实则不然。营销活动的核心目标是实现营销成功，是把产品卖出去，除此以外的其他所有外在技巧、内化精神都得服务于这个核心。脱离核心讲真诚，只能是空谈。

传音入密——全看“说”法

传音入密是武侠小说中一种高深的武功，说的是一个人可以使用武功发声，使他的话仅使在场的某个人可以听到，其他人则听不到。理财经理在营销中同样需要“传音入密”——真话不全说，假话全不说。尤其是面对新客户，双方没有充分的沟通、没有十足的信任，客户只能通过对银行、对理财经理的第一印象、第一感觉作出判断时，这就显得尤为重要。

在理财产品销售中，“保本”是客户最关心的，“保本保息”是客户最喜欢的，高收益的保本理财是客户最青睐的。但鱼与熊掌往往不可兼得，现实中，保本型理财产品受投资标的等因素影响收益通常较低；高收益的产品多是“非保本浮动收益”，监管机构又严令产品销售中有“保本保息”字样，如何在充分了解风险的基础上，合理引导客户关注相关产品，表述，即“说法”，大有窍门。

某地方商业银行K银行推出一款保本浮动收益理财，在前期产品推广中，该产品的产品类型被标注为“保本无忧型”，这引起了很多人的关注。“张大哥，快买啊，保本保息的，刚才看到这家银行有售，我刚买了。”“是吗，我也回家取钱去，太好了，谢谢你！”什么事一被跟风、随大溜，想不火都难。

当面对“非保本型”理财不做、对产品风险类型十分关心的客户，而银行没有保本产品销售，又或者有另外一款低风险非保本理财有销售任务时，想要成功营销，还得看“说法”。

这里还需明确，对于目前多数稳健性银行理财产品，即使说明书中注明“非保本浮动收益”，但在实际兑付中都是分文不差，坚持“刚性兑付潜规则”，在此基础上，我曾经见过有理财经理这样说——“大姐，咱行所销售的理财产品都是保本（重）、稳健（轻）型的，您看！到期收益是2380元整（重），真划算！一分不差（重）！”一句话说得抑扬顿挫，听得大姐很高兴：“谢谢你，我多次买过你家的同款产品了，确实是一分不差，买，就这个！”

有人会问，如果客户较真，抓住“保不保本”问题不放怎么办？这里要插一句了，客户问产品保不保本的时候，其实他心里早就打定了算盘，他既要熊掌也要鱼肉，既要保本还要高收益。人就是这样，欲望无限，所以无论你偏重哪一头都会违逆他的意思，只有两者兼顾的说法才对他的胃口，你不如历数自己银行这些年来理财产品销售上无亏损、无违约的记录，细说这款产品投资标的的安全稳健，以“同类产品全市（行业）最高”来打动他的心，语气和缓一些、眼神诚恳一些，不要几个人围着、更不能表现出“求”他的意思，尽量在一种公开透明、轻松明快、“欢迎您来，但不是没您不行”的氛围中把他钓进来。销售，绝不是练会了套词儿对着木头说，同样的一段话遇到不同的人，会有不同的节奏、不同的语气、不同的眼神的不同演绎，什么时候多说一句就好，什么时候一句话不说最妙，考验的是功夫。

A是网点里我比较欣赏的一位理财经理，在前面说过的那次销售竞赛中，他遇到一位客户，一听说保本理财收益还不到5%，当机立断，非5%以上的不买，A就把经济形势不理想，理财是投资、投资有风险的一套词和盘托出，谁知客户下定决心要买非保本高收益理财。A倒是锲而不舍，又说了一通“风险”的道理，谁知客户急了，告诉A他不买了，要到别的银行看看，A有点慌神，吓唬是工具，把人吓跑了就坏了，赶紧自圆其说："非保本高收益理财也没问题啦，您看这么多年您不都是买这款理财吗，我赶紧给您买上。"一番好劝，客户才没走，指定了产品，让A帮忙申购。下单就要成功，在输密码的时候，A抱着最后一丝希望把"规避风险"、"保本重要"、"同类型全市最高"的话又重复了一遍，可能是他讲得比较恳切，客户想了想说："那我还是要保本的吧！"

如果在最后的一步少了最后这一句，这次营销的目的可能就无法达到；如果在前面那一步不说那一句，客户可能不会想要离开；但如果没有前面那一步多说的那一句，最后这一步的最后这一句又怎么会起效果呢？

销售，不是说说而已。

$ $【宗师讲故事】

黄鼠狼的心灵鸡汤

有只黄鼠狼在鸡国的山崖顶立了块牌子："不跳下去，你怎么知道自己不是一只老鹰？"然后，它每天就在崖底等着吃摔死的鸡。这个故事告诉我们，阅读心灵鸡汤时需要智商，因为大多鸡汤都是黄鼠狼写的。

营销感悟

产品的好坏是比较出来的。在与其他银行网点的激烈竞争中我们发现，单纯地说产品，销售效果非常一般。后来，我们改变了思路，在自己银行理财收益高的时候，用大标语写上一段话：高收益是客户最好的回报！购买本产品一年比定期储蓄多得利息1450元，比其他银行理财产品多得700元。很多客户看了后，会认为这家银行的理财收益是最高的，便按照这个设计好的思路，抢着购买这款理财产品。而理财收益低的时候，我们就写上——"保本保息很重要，我们只卖稳健型理财！"于是又有很多客户跟着我们的思路走，他们会认为：这家银行卖的理财产品一定很稳妥。客户们便开始争相购买。

做营销要有说法，还要会讲故事。

本行的私人银行产品在同类产品中具有较强的优势，如其中的几款现金管理类产品，不但流动性强，而且与许多金融产品相比，预期收益也较高，因此深受客户欢迎。

尽管如此，许多客户还是不“买账”，以这几款产品不保本、存在风险、不感兴趣等理由拒绝，转而购买其他保本型产品。我们知道，目前普通的银行理财产品风险都比较低，除非遇到“极端”情况，否则本金和收益发生风险的概率极低，而从某种意义上说，保本型产品正是为部分偏好保本、风险承受能力比较差的客户而推出的，但事实上其风险度并不比非保本的同类产品低多少。

那么，这类对私人银行产品不“买账”的客户应该怎么营销呢？或许通过给客户“讲故事”是一种很好的方式。比如，有一位客户李总，我们从多方面考察，都觉得这位客户适合购买我行的私人银行产品，但客户出于上述一些原因考虑，拒绝了我们的建议。对此，我们向他举了一个与该客户情形相似的真实客户王总的案例，其实就是给客户讲故事，最终使李总接受我们的建议。

我们支行有一位客户王总，是个私营业主，他的企业经营情况非常好，资金闲置较多，但在我行存放的资金并不多。了解了客户的相关情况后，我们判断该客户肯定是我行的“准私人银行客户”，但对于采取什么样的方式才能赢得客户的信任，我们颇费脑筋。

经过深入的讨论和思考，我们觉得应该从资产配置的角度出发，以私人银行产品为切入点，通过让客户签订协议来吸引客户。但初次见面效果并不好，客户觉得自己生产经营很好，资金放在账户上可以随时取用，非常方便，没必要购买什么私人银行产品，而且一再声称自己没有多少闲余资金。

在无计可施的情况下，我们向王总说："您的企业现在经营得很好，充分说明了王总经营管理有方，有很强的经营和成本意识，所以王总肯定也不希望自己的闲置资金长时间放在活期账户上而造成巨大浪费，所以不如这样，王总您可以先将一小部分暂时不用的资金购买我们的一款现金管理类产品作为试验，根据您的情况持有一段时间后，如果您觉得还满意的话，可以选择继续和我们合作，如果您觉得不满意，那也没有关系，我们会继续努力，想方设法满足您的金融需求。"

当时我们还和王总开玩笑地说："也许购买了这款产品，其收益可以满足您用来支付招待用的香烟和保安人员工资的费用了。"王总看到我们说得非常诚恳，答应先拿出200万元资金购买我行一款每周开放一次的现金管理类产品，该款产品自成立以来，收益稳定且较高，表现较好，深受私人银行客户欢迎。

在随后的一段时间里，客户经理每周都将该款产品的收益等情况向王总通报，由于产品收益较好，王总非常满意，特别是在当时经济金融形势并不是很好、企业经营较之前相对比较困难的情况下，能将闲置资金暂时投入我行私人银行产品，可谓省心又省力。

期间，除了通报产品净值和收益率外，我们并没有向王总进行再营销，但王总却不断地向我行转入资金，并要求继续购买该产品。目前在我行的资金量已经达到1800多万元，而且比较稳定，已经近一年没有大的变动了，说实话，当时我们并没有想到王总会有这么多闲置资金存到我行。后来王总高兴地和我们说："果然和你们当初所说的那样，我现在的闲置资金购买你们的产品所得的收益，真的可以支付几个保安的工资了，而且还远远不止如此！"

在讲这个故事时，李总听得津津有味，我们便乘机向他说："您看，您的经营情况和这位王总差不多，不如您也先拿出一部分资金来试一试，和王总一样，如果您觉得还满意的话，可以继续和我们合作，如果您觉得不满意，也没有关系。听完我们的建议，李总愉快地同意了，目前他已经成为我行忠实的私人银行客户。

润物细无声——全看做法

社区支行有位新员工小 A 给我讲过这样一件事。一个下午，社区支行来了一位背着个大书包的七八十岁的老人。天很冷，老人虽然穿得很厚还是不住地咳嗽着，他站在理财产品宣传栏前时不时用食指比对着。小 A 主动迎了上去，他想引导老人买与绩效挂钩的一款低息产品，但大爷还是决定购买一年期高收益理财，说着卸下了书包："50 万，小伙子，存吧！"社区银行一般是不办理现金业务的，五六万现金还可以用柜员机解决，50 捆红彤彤的钞票在社区支行大家还是头次见，于是小 A 赶忙说道："大爷，我带您去支行，走 VIP 通道存，好吗？"见大爷犹豫，小 A 又说："大爷，您不用担心，您这样的客户一来就能享受 VIP 待遇，专车接送，不用等叫号，专人陪同……"或许是听到"专车接送"这样会比较安全，大爷想了想，表示认可，小 A 立刻打开某款打车软件，"您稍等，我给您叫个专车！"大爷不住地说自己跟银行打交道这么多年了，享受专车待遇还是头一回，谢谢你们银行。车来了，小 A 像电视里保镖护送国家元首上车一样把老人安排在了后座，自己和司机在前，司机一听说目的地是 K 银行网点，兴致勃勃地向小 A 讲自己前几天刚在 K 银行网点买了一款保本低息理财，问小 A 划不划算，小 A 立刻把那款理财的优势眉飞色舞地说了一遍，大爷在后面听到了也不时插话询问。到了支行，小 A 立刻叫了 VIP 号，柜台优先为大爷存钱，接着又是端水又是倒茶，大爷连声道谢。钱快存好的时候，他突然问小 A，"小伙子，你给大爷再参考参考，到底买什么理财好？""建议您考虑保本那款……""好，就听你的！"……回到社区银行，临走的时候，大爷说过几天他还来，还是这款理财给他留好。

客户的需求我们当然要想尽办法满足。但是，我们必须要让客户明白，天下没有免费的午餐，我们对他的高品质服务是有成本的，是要给予报偿的。和客户打交道，让利是必要的，但也是有限度的，如果客户打心底里觉得你为他所做的一切都是应该的，那就适得其反了。

$ $ $【宗师讲故事】

乞丐到小王家乞讨，小王给了他十块钱。第二天，乞丐又去小王家，小王又给了他十块钱。如此持续了两年时间。直到有一天小王只给了乞丐五块钱，乞丐责问道："以前都给十块，怎么现在只给五块？"小王说："我结婚了。"乞丐一巴掌打过去，气愤地说道："什么，你竟拿着我的钱去养你老婆？"

营销启示

享受免费服务成为客户的一种习惯，这种服务就不再是优势，而是劣势。"Everything is business"，一切都是生意，生意尤其是生意，感情事业做到什么程度算合适，利益文章写到几时才算圆满，算计不到，就要吃亏。

理财经理的核心竞争力

我们前面谈到过——"销售产品就是销售自己。你的吸引力从哪里来？想要别人喜欢你，先要喜欢别人。"

前面谈的真诚、"演技"固然要紧，但也只是形而上的表面文章，理财经理最珍贵的素质是"卑"。这个"卑"，不是"卑贱、卑微、卑鄙"的"卑"，而是"水，利万物而不争，谓之卑"的"卑"。那是对他人仰望的姿态，是对世事赞赏的眼神，是把自己沉下去承受外来的戾气、怨气、怒气，并把这些戾气、怨气、怒气转化成人气、财气、福气的生存技巧、立足之基。

“卑”要挂在脸上——表达善意，表现诚意

客户到银行存定期也好、买理财产品也好，说白了，是给银行“送钱”，人家把钱送上门来，你却拉着一张脸，冷言冷语，不是和钱过不去、和自己过不去吗？但可笑的是，在银行日常工作中，大部分的矛盾与纠纷都是始于冷脸、激化于冷言的。站在客户的角度讲——反正是存钱，同样都是银行，肯定是哪里服务好，就存到哪里去。这就又谈到服务了，服务，到底是端茶送水、嘘寒问暖，还是西服领带、一尘不染，又或是九十度鞠躬、四十五度仰视？服务的内容太抽象了，太泛泛了，好像很难把握，但服务的核心却非常明确：表达善意、表现诚恳，浓缩成两个字，就是微笑。在相互陌生、缺乏了解的情况下，客户只看面上谁家的服务最好？答案是笑得最甜的服务最好。由此可见，很多时候服务和微笑可以画上等号，服务就是微笑。

有位陈姓大姐，是周边某国有银行的一家网点转过来的高端客户，和其他客户不同，我们网点里从地上的果皮纸屑到支行人员的调整配置，她都要过问，好多客户都以为她是正牌行长。有次坐下来闲聊，我问她当初是因为什么原因转过来时，她脱口而出：“这么多银行，数你们笑得最甜，其他银行的冷脸子好像我欠他们钱一样，我心寒了！”

微笑的重要性，怎么说都不过分。你可能会说：“哎呀，我长得不漂亮、不帅气，在职场上很吃亏啊。”但事实证明，那些在职场上纵横驰骋、在与客户沟通中无坚不摧的人，往往相貌平平却笑口常开。就拿我们支行来说，销售业绩最好的理财经理，专业度一般、沟通水平中等、相貌中上，但却长了一双笑眼，他生气的时候你也觉得他是在笑。生活中每个人都有当客户的体验，在菜市场里谁对你笑得最欢你肯定就买谁的菜，在服装店里谁对你笑得最甜你买谁家的衣服，对于面对激烈同行业竞争、担负繁重销售理财产品销售任务的理财经理，更是这样。

如果说贴心的服务、真诚的笑容是一首歌的引子、标题，专业的服务、理性的引导就是这首歌的主旋律，主旋律动听，观众才会接受，才会传唱，才会成为经典，才能成为品牌。

金杯银杯不如口“卑”

前面讲微笑就是服务，现在还要加一条：适度适时的赞美，会让服务锦上添花。赞美，好比给服务加上乘方，效果会得到指数式的扩大，客户一高兴，没准“再刷五百万来”。

到目前为止，我们一直在讲银行理财经理需要具备的素质，其实是强大的沟通能力，如果说微笑是沟通的发动机，赞美就是沟通的润滑剂。

从穿着打扮到家长里短，从言谈举止到人生阅历，客户愿意向你展现的每一面都值得赞颂千篇。

“卑”出个性——培养个人魅力

服务行业的价值，取决于所能提供劳务的稀缺性。

一个医生，他能治的病别人治不了，他的劳务就非常有价值；一个老师，他能教的课别人教不了，他的劳务就非常有价值；一个理发师，他所理的发型，别人都驾驭不了，理出来都不如他理的好，他的劳务就十分有价值；同属金融行业的证券投资顾问，他能提供的参考消息、股票组合、投资建议及为客户量身定制的操作方法可以规避风险带来丰厚回报，其他投顾做不到，他的劳务就很有价值。这就是传说中的“钱压奴婢手，艺压当行人”。

对于理财经理这个行当来说，在当前市场环境下，产品类型的同质性、产品收益的固定性（刚性兑付）、周期内的封闭性，大大降低了理财产品的可操作性，买理财好像和存定期差不多，使得理财经理在理财产品上做文章的空间被压缩得很小，好像随便找个张三王五简单培训一下话术，再把嘴角拉上去，就足够应付各种客户了。由此看来，现在，银行的理财产品要比理财经理重要得多，客户真正认同的是理财产品的价值，而不是理财经理的价值。

没有纵深的行业是短命的，没有特点的人是当不了理财经理的。今天的理财经理，如果不开发服务的比较优势、拓宽服务的操作空间、挖掘服务的稀缺价值，早晚会被汹涌的金融大浪淹没。

1. 做销售员式的投资理财顾问，不做理财顾问式的推销员

银行理财经理容易陷入一个误区，即理财经理就是卖理财产品的经理：一见到客户，张口就是“您好，您买理财吗”；每当发行新产品，恨不能把所有产品都编在短信里发给客户，末了加上自己的名字；给客户打电话也是，“您好，我们这边有一款……的理财，请您酌情申购”。理财经理和客户的关系被简化成“买卖关系”，而且是最简单的买卖关系。我身边有位朋友老王是大学经济系教授，在股海里摸爬滚打多年，可以说是专业人士了，他给我讲过一个证券公司投资顾问的故事。在老王刚开始进入股市时，他的投资顾问是个小伙子。这个小伙子把老王的电话、QQ、微信加了个遍，还把他拉到一个QQ群里，群里七八十人都是小伙子的客户。隔三岔五老王就会收到小伙子发来的关于经济形势、板块走势、大盘趋势等方面的消息；偶尔登录QQ，会发现群里有各位股民的盘中聊天，虽然表达模糊、不专业，但汇集了集体智慧，所以其中不乏一些小道消息。老王刚开始不以为然，自己就是搞经济的，还用得着别人给自己提建议？可过了一段时间他发现自己已经养成了每天打开QQ看看群里的聊天内容查看投资信息短信的习惯，而且他的股票操作频率也因此增加，他已经有点离不开这个小投资顾问了，原因很简单，以前的券商投资顾问要么半年不给他发一个短信，要么天天说券商理财高收益，让他感到被敷衍、被冷落，内心很不爽。

对于真正想投资的人来说，产品很重要，“内部消息”更重要，对于专业人士尚且如此，何况大众。这个小投资顾问不简单，他不仅把自己

和客户紧密联系起来，还通过 QQ 群把客户与客户连接起来，而他则是连接各种关系的枢纽，除了经纪关系，他与客户间还建立了类似于“会长”与“会员”的关系，而且没了他大家都玩不转。对于这七八十人来说，可能整个炒股生涯都不会离开他了。

银行理财经理们天天在讲客户黏性，而且也都很用功，但是否在一次次短信、一通通电话、一件件礼品中把与客户的关系变得太过单一化了？曾经有位银行理财经理告诉我，要强增加客户黏性，最好的办法就是多帮客户办点实事。没错，银行很大、金融市场很大，客户的相关需求很多，努力练好内功，在理财收益固定、运作空间狭小的环境下，树立“因为客户资产要保值所以理财产品是一个好选择，而不是理财产品好所以客户要来买”的观念，成为一个提供投资理财建议的顾问，而不仅仅是推销员。

2. 做银行存款的吸铁石，不做银行存款的牵线偶

在监管办法没有改变前，每到季末、年末等考核时点，拉存款几乎成为理财经理的噩梦。高收益理财产品、各式各样的礼品、甚至回扣，客户经理的办法“无孔不入”，手段“无所不用其极”，有客户甚至戏称：“拉存款的时候，理财经理是‘储蓄经理’；不拉存款的时候，理财经理才是理财经理。”前面讲了几个例子都是理财经理各种推荐客户存定期、买保本理财，时间长了客户也会纳闷：为什么这帮人总是叫我存定期呢？存定期那么划算还出这么多理财产品干什么？

人是追逐利益的。银行客户会把大量现金以活期或定期的形式存在账户中吗？哪怕是短短的一两周！答案是很明然的，随着金融市场的发展和大众投资意识逐步觉醒，除了保留必要日常支出所需和流动性现金外，大家都在寻找更加合理的投资渠道。但在大多数时候，由于利率过低通胀过高，客户是非常排斥把资金以存款方式存放在银行的。因此，只要存在更加合理的投资方式，客户完全有动力将存款转化为其他类别的资产。

任何一个成功的商品或产品，都必须是很好地满足了客户的需求。如果银行除了存款这一单一产品外，不能提供更加有效的投资产品和保值增值渠道来满足客户多样化投资需求，客户将会把存款转移到其他银行或者其他资产管理机构。

因此，只拉存款，只会丢失存款，这也是银行需要理财经理的原因，是理财经理在银行能够立足的根本。

$ $ $【宗师讲故事】

需求就是商机

沙特阿拉伯约 225 万平方公里的国土上，沙漠占了很大的面积，这里最不缺的就是沙子。如果把沙子卖给阿拉伯人要如何做？也许很多人都会想起“把冰箱卖到北极”、“把梳子卖给和尚”的故事。

曾经有一位叫沃特森的人，到爱斯基摩人家里做客。主人热情地招待了他，但吃的东西都结了冰，想解冻食物，却不能在屋里生火，否则用冰砖造的屋子就会融化，所以只好在冰天雪地的室外烧开水解冻食物。沃特森由此便产生了把冰箱带到北极的灵感，因为冰箱可以冷藏食物。

于是沃特森为爱斯基摩人演示了冰箱的使用方法：把自己带去的啤酒和矿泉水以及他们刚捕获的猎物放入冰箱，将冰箱调到合适的温度。第二天，当他们打开冰箱时，那些东西都没有结冰，并且保存得完好无损。有了冰箱，爱斯基摩人再也不用烧水解冻食物了，不但省了许多时间和“燃料”，还方便了生活。他们都非常感谢沃特森为他们带来了冰箱。

沃特森深入到一个群体生活中，感受他们的切实需求。激发出他们对冰箱的欲望，从而与爱斯基摩人建立了更深厚的友情。

有个人来到一座千年古寺，对老和尚说：“凡是来进香朝拜者，大多有一颗虔诚的心，宝刹有所回赠是不是更好呢？以此作为纪念，保佑其平安。我有一批木梳，您的书法独一无二，可以刻上“积善梳”、“平安梳”这样的字样，作为赠品。

他还告诉和尚，梳子是善男信女的必备之物，经常被女香客带在身上，如果大师能为梳子开光，成为她们的护身符，既能保佑其平安，又能弘扬佛法，扬我寺院之名，岂不是一件善事？”

住持思量一番，觉得这是个好主意，于是便买下了一大批梳子赠予香客。这位成功把梳子卖给和尚的人，关键在于他根本没想把梳子卖给和尚用。他别出心裁，透过和尚，发现了香客这一潜在人群，又抓住了和尚慈悲为怀、扬善积德的心理。

人的思想和观念很重要，如果不更新思想，没有创新，要把梳子卖给和尚，简直是痴人说梦。文章一开始就提到说要把沙子卖给阿拉伯人，该如何做呢？

有一个海南人，在阿拉伯做生意。有一次，他去参加一个富豪在海边别墅举行的宴会。宴会进行过程中，主人的女儿在别墅玩耍时被沙滩中的小石子划伤了脚。主人看着哭个不停的女儿很是心疼，抱怨怎么沙子这么粗糙一点都不绵软细滑。

这番话让这个海南人很吃惊，在阿拉伯竟然没有好的沙子？他脑中产生了一个想法，在这里卖沙子会怎么样？他发现在别墅区的海岸线上遍布着很多有独立沙滩花园的海景别墅，铺设的沙子要么是就近取自海滩，要么是从沙漠运过来的，都是些粗糙的沙子，但是什么地方才有好的沙子呢？最后，他想到沙滩排球场上的沙子，调查后发现，原来在他的家乡海南就有很好的沙子资源，而且曾在北京奥运会上使用过。

于是，他回到海南找到产沙子的地方，将沙子洗净、清出杂质。最后将符合标准的黄沙和白沙按比例混合，当成品被运到利雅得的时候，整个沙特阿拉伯震惊了，竟然有人想在这个沙漠的国度卖沙子？怀着好奇心和质疑，很多人都去看了他的沙子，体验一番后都认为他的沙子太棒了。就这样，成堆的沙子被阿拉伯人运回了家。

第三章
理财经理与客户打交道的五门功课

发掘客户

做大客户数量，进而做大资产规模是实现“存款——理财”良性循环、合理搭配的重要前提，这就又谈到怎样吸引、发掘客户了。发掘客户大致分为三个阶段：吸引、识别、沟通。在银行营销一线流传着这样一句话：“一等人干营销，二等人干专业，三等人干管理。”理财经理作为最接近客户、最接近市场、最接近财富源头的角色，是否能高效率、低成本地发掘客户，事关重大。

“四板斧”是基本功

“小单子、小喇叭、大屏幕、赶理财大集”这“四板斧”绝对是前期营销基本功中的基本功，内涵丰富，很值得深挖。

前面我们已经提及了，LED大屏幕是营销“重炮”。现在，越来越多的银行开始在自己的网点内外配备了各种各样的大屏幕设备，用于播放客户引导、产品宣传和银行品牌短片。有些网点负责人曾和我抱怨说，短片播了这么长时间、产品收益率打得这么高，为什么上门的客户还是不见增长呢？其实，我们在搞营销时很容易盲目自信，一个点子、一个创意，在这里好用，拿到别处去可能就不太实用、不太适用了，考量它是否有效，还要看客户的认可度。我们要常问问自己：站在客户的角度来看，这些内容是他们真正感兴趣的吗？银行能确保屏幕上的内容是及时合理的吗？有多少屏幕成了网点中装点门面的闲置资源？

LED 大屏幕上设定的程序不能单一地播放已存在的媒体资料，而应当包括产品的信息、时效的资讯、有助于提升客户黏性的内容等，而且要经常性地检查更新。这些信息和可视媒体资料将能够吸引客户眼球，同时也更贴合存量及增量潜力客户的需求。

以下几条是在实际营销中总结出的网点“影音营销”策略。

1. 客户的兴趣，是宣传的核心

通常来说，这类屏幕的播放都有特定的后台和程序，所以最基础的要求是：银行需要根据自己所在地域、市场和时节的不同，提前安排好播放的内容序列。目前很多银行的电子屏幕已经加入了互动的元素，客户可以通过触控在交互的过程中，通过相关屏幕显示贴近客户需求的详细信息。

如果说，传统的放置在网点里的电视屏幕更像一台广告播放器的话，那这种具备交互功能的大屏设备则需要银行花费更多心思。

目前已经有一些银行，能根据网点周边人群收入档次和职业构成的不同、客户的主要语言习惯和理财产品的偏好等分析结果，来设定自己网点的诸多显示屏内容。

对于很多银行来说，似乎从来没有想过要去严格规划、控制自己网点的各种屏幕的播放、交互内容。而且，他们认为要去操作这些内容是很复杂的。但实践证明，海量的数据调查分析、高效的播放软件设定和切近实际的播放内容，确实能给网点带来不一样的改变。

说到改变，银行希望通过屏幕上的滚动信息来促成什么？他们希望屏幕上的传播内容在客户中间产生怎样的效应呢？

在我看来，这种在屏幕上播放或交互的内容，最基本的诉求是要符合客户的兴趣点，而不是直截了当地展现出想要达成具体的销售目标的意图。

举个例子，客户通过网点的屏幕了解到了一项理财产品。那么合理的情况是，客户通过了解得知这款产品的收益率、申购起点，以及银行在这款产品上的以往业绩，而不是大量的直接怂恿客户签约的内容。换言之，客户希望看到的是一个感性而中立的表达内容。客户如果真的感兴趣，成交的部分应当通过屏幕提示或后台转介，迅速移交给相关负责人员。

2. 吸取百家之长，结合自身特点

当然借鉴某些成品能够激发人们更大的创新意识。但是从更大的方面来说，你必须忘记你看到的东西并制订自己的计划。基于自己网点的中心环境来订制相关的节目单，不同的时刻及不同的岗位推送不一样的内容。

这是为什么呢？

首先，你的银行和客户与别家不一样。各个银行都是根据自身条件来定位的。其次，创新的空间很大并且肯定比已有的方式更贴近客户。现在维系客户关系不能只是网上多一次的点击或是针对客户定位和预测的新闻。我们需要将客户的目光从智能手机上转向银行的大屏幕。如果能够抓住这一机会，运用有吸引力和互动性的内容，就很容易将客户带到有形市场并完成银行的销售需求。我们可以看到很多网点滚动屏幕的内容被分割成了多个内容区，模拟 24 小时的新闻频道。但是，面对如此多的内容，客户完全不知道该从哪里看起。

由此可以看出，浮于表面的银行电子屏信息不会带来贷款，也不能取得新客户或是解决以往的老观点，更不能分散客户等待时间的无聊（人们在排队时更愿意低头玩手机）。作为一个银行市场人员，最好的办法是将客户感兴趣的时效性和个性化信息推送给他们，通过应用品牌来加强客户想要去网点的愿望。

3. 调整播放内容

你的客户希望看见的内容取决于他们身处何地和正在进行的事情。例如，面向人行道，商场大厅或是停车场的电子显示屏应该是要提醒人们注意驾驶安全。此外，你也要尝试在客户行走途中吸引客户的眼光然后加深客户对品牌的印象。但是当客户在银行时，提供的信息又要根据他们所处的网点正在做的事情和交流时间的长短来定。例如，面向排队取款的客户的屏幕，应该为他们指出比排队等候更合理的操作。当然，很多银行习惯于在这个时机和地点去做新客户营销，实际上排队的大多数人已经是银行的客户了。

面对网点的滚动屏幕，人们不会像在家里或是在办公室里一样仔细去看屏幕的内容，他们大多只会粗粗地看一下。

因此，在思考屏幕展现内容的同时也要把握播放的时机。

赶理财大集，即通过合理安排形成理财产品到期集中兑付，利用人们“随大溜”的从众心理，巧妙实现目标产品的销售，促进新资金的引入。在实际操作中，这种做法也可能成为双刃剑，带来一些负面影响。下面谈谈理财产品集中到期兑付的利与弊。

集中兑付之利：通过规划理财产品集中到期，形成“排队买理财”的盛况，一旦长长的人龙排起来，不用多说话，客户会抢着买你希望他买的产品，造成“赶集”场面，从而大大降低了营销成本，提高了营销效率。

集中兑付之弊：事物都有两面性，集中兑付也不例外。如果到期兑付数额过大，远超出网点有限的承接能力，“羊多了赶不过来”，反而会让银行招架不住。

细说之前，首先要明确的是，我们所谈的服务通常从两个方面衡量——服务质量，即单个客户所接受的服务体验的好坏；服务覆盖度，即单位时间内服务提供者能够服务的服务需求者的数量。服务质量和服务覆盖度往往成反比，服务质量越高，在沟通交流、形成交集、增进情感上所耗费时长就会越长，其服务覆盖度自然下降。

某日，支行网点到期兑付理财产品金额近2亿元人民币，假定本期客户人均到期理财为20万元人民币，则参加本次兑付的将有1000人。反观网点承接能力——支行除柜员外可直接参与营销、引导的人员最多十二三人，如果1000名客户能平均地分流到一周当中，即每天200余人参加兑付，平均每位营销人员每天接待客户20名，服务质量、服务覆盖率都能够得到很好的满足。但事实上，兑付当日，叫号机共发号近600个，三台共计存有80万现金的ATM在不到3小时内被全部取空，当天到网点办理业务的客户据估计超过了1000人。

在这样的情况下，营销、引导人员平均每人需应付80多名客户，假设从营销到促成签单平均花费在每位客户上的时间至少要3分钟才能保证服务质量、服务覆盖度实现均衡，那么当日每位营销人员（除柜员外）至少需连续服务10小时，而当日从9：00人流量增大到15点理财销售截止人流大幅度减小只有短短6个小时时间，也就是说12名工作人员要在6个小时内完成10多个小时的工作，其服务质量、服务覆盖度可想而知，客户体验不好，从而造成部分资金外流。

我们说“排队赶集”是撒手锏，但神功也有副作用，这一点在营销中需要特别注意。

微信朋友圈，营销在身边

移动设备将相机带到每个人的手中。微信朋友圈等社交媒体的兴盛，则把每一位客户都变成了自媒体。社交媒体对银行业来说是一个宝贵的数据库和营销平台，但银行同样需要对社交平台上的内容小心处理、妥善管控。有一些过去在品牌塑造上颇有建树的银行已经充分意识到社交媒体的颠覆效应，负面内容一旦产生，银行再怎么强调自己的专业性和严谨性都是徒劳，品牌形象也会随之受到冲击。实践证明，银行可以通过建立自己的社交媒体运营团队，来对社交媒体上的舆论进行有效引导，并对言论内容有效管理，打造一个移动互联网世界里的新的品牌定位。这样的工作并不是很难，而且只要精心管理，银行也必然会取得辉煌的成绩，在移动互联网上打造出出众的口碑，从而影响到更多的种子客户。

理财经理小 E 的业绩不错，当大家还在记客户电话的时候，他就已经加客户微信好友了，银行出了什么理财、信用卡又有什么活动、假日期间网点的值班安排，他在第一时间就发到朋友圈里，有些老客户看到感兴趣的内容还会帮他转发。他曾经给我算过这样一笔账，他有微信好友 500 个，其中客户 330 个；假设平均每个客户有好友 90 个，他的朋友圈内容只要被 500 人中的 60 人转发，就会有 5400 人次的浏览量，况且这还是保守统计，如果运行得当，建立专门的微信公众号，产生的宣传效应是惊人的。

在凭借社交媒体营销时，要注意只要是有固定推送信息的对象都不能只用一种模式，必须得要经过认真思考和特制化推送去取得客户的关注。

在互联网高速发展的今天，网络能够使银行开发自己的品牌内容，并作用在任何尺寸的屏幕上。通过创建推送内容，品牌能与观众直接交流而不需要依赖其他的媒介。如果你发布的内容得到广泛地转发传播，客户会主动过来找你。

媒体消费正在转型。有资料显示，在美国接近一半的销售部门在过去三年内都减少了纸质印刷的预算，而把资源更多地转向社交媒体和客户定制化营销。网点的电子屏幕信息将成为最大的客户定制化内容，如果能将关注点放在推送的内容和时机上，就能引起客户关注并活跃相关客户的社交媒体活动。

多途联动，构筑营销宣传火力网

在网点中逐渐增加的显示屏、小喇叭和易拉宝仅仅只是营销宣传的一部分。除此之外，宣传方式还包括大讲堂、奢侈品沙龙等相关活动。

基于不同媒介的营销活动，虽然特点不同、指向各异，但其目的是类似的，就是要吸引人，把街上的行人变成我们的客户。

特别是基于网络的服务，使得多媒介渠道的内容编写和发布能够方便有效地实现。所以银行需要制订一个多途径联的整体规划，在各个渠道以相对一致的品牌形象出现，但又能根据各个渠道的特性，给出各不相同的营销内容。

沟通为王

自信，是客户信任你的前提

银行理财经理要想让客户成功地接受你，端庄的形象、专业的气质、主动热情的态度，缺一不可。当客户在内心开始接受你时，他就会信任你，从而愿意与你合作。

沟通，需要了解客户

与一些银行理财经理交流时，感受最多的是，理财“很难”：优质客户难找，储蓄存款难拉，理财产品难卖，销售任务难以完成……确实，银行的网点理财经理身兼客户维护、产品销售等诸多任务和指标，存在很多困难是大家有目共睹的。但存在这一问题的根本原因是什么呢？我们认为，除了任务重、理财环境不给力等外在原因外，银行理财经理的内在问题也不容忽视，特别是他们没有找到合适的客户、不了解客户！

知己知彼，方能百战不殆。从产品营销角度来看客户，可以大致将客户分成以下几类：

第一类，风险厌恶型——经验为0，以老年人为主，谨小慎微——极易引导，安存宝、定期；

第二类，风险中立型——有一定经验，以中青年人为主，骑墙——较易引导，可以承担一定风险；

第三类，风险偏好型——经验丰富，有主见，对市场认知比较深的人——高收益理财。

根据客户的风险偏好简单分类还不够，要想实现产品的成功营销，银行理财经理还必须了解客户的人际风格、从性格上对客户大致有所分类。要知道客户的人际风格，必须要让客户感觉到交谈得挺投机。面对不同类型的客户，银行理财经理都要能够与其沟通得很融洽。另外，银行理财经理还要学会倾听，让客户表达出他的意见。在以上基础上，让渡不同产品的选择权给客户，这样才能搞定客户。

1. 一言不发型

对于此类客户，分析其情绪的反应很重要，因为这种客户通常喜怒不形于色，理财经理可能说了很多，但他都无动于衷，并且他的行为很果断，可能还在与他交谈时，他已经暗中决定了是否买你的产品。因为他自己的意见很坚决，所以你不要去决定他的意志，否则的话，你与他的沟通就不会融洽了。在这种情况下，就要给他选择的机会，让他自己选择最符合他利益的产品，并且尊重他的决定。

2. 刀枪不入型

对于思想型的客户，其性格特征主要是喜欢比较分析，不会表现出太大的热情，个性优柔寡断。与这样的客户打交道，应当由他来做选择，作为理财经理，要有很强的组织力和逻辑性，做好充分准备，在适当的时候促使客户做出决定。

“刀枪不入”型的客户也可能会表现得很热情，但是不会直接向理财经理表达出自己的想法，不轻易得罪人，所以理财经理很难了解他的内心世界。这种情况下，理财经理就应当主动向客户提出优惠条件，并且向他保证你是公平合理的，引导客户说出内心想法，这样就可以继续深谈，直至获得成功。所以对于这类客户理财经理主要应当采取鼓励的方式，这样才有成功的机会。

3. 光说不练型

这类客户也会表现得很热情，但是这种客户比较善变，常常不会遵守自己的诺言，突出表现为特别喜欢向理财经理索要礼物，他们不会轻易同理财经理合作。在同这类客户做生意的时候，就要让他白纸黑字地确定承诺，或者是让其在公众场合给出承诺，这样他就不会轻易反悔了，理财经理的成功机会也就增加了。

我曾专门和一些业内同人就了解客户、了解市场等方面进行了交流，引导他们认识和熟悉更多的客户，以便有更多的选择机会。为此，我们通常会向他们提出这样几个问题：

你的客户系统中有多少个客户？

这些客户你都了解和熟悉吗？

有多少个是你一个月联系一次的？

你能说出每个客户的风险承受度和金融需求吗？

你能列出10位喜欢高尔夫运动（或其他爱好）的客户吗？

你能拿起电话来就可以直接请他帮助完成某项产品销售任务的客户有多少？

……

对此，这些理财经理都没有做出让人满意的回答。我曾经看过一篇文章说辅导老师到某网点进行现场辅导，教导理财经理如何利用系统做客户关系管理，当打开内部客户系统后，发现理财经理名下有400多个客户，而见过面的只有不到100个，熟悉的只有三四十个。

根据这一案例，我也询问了我们网点理财经理在系统中有多少个客户，见过面的有多少个，熟悉的有多少个？他们大部分都回答说差不多。由于我们真正熟悉的客户只有三四十个，所以你可以选择的余地就非常小，每次有理财、基金、保险等产品的任务，就只能找这三四十个人，所以完成任务的难度就非常大。而事实上，所谓的“熟悉”的三四十人，只是联系他们相对较多，有产品就找他们，逢年过节会走访慰问一下而已，其实对客户并不是真正的熟悉。

当然，每位银行理财经理真正能维护的客户数量还是有限的，即使如此，如果把目前觉得“熟悉”的客户更深入地了解一些，真正掌握客户的家庭情况、兴趣爱好、收入支出、金融需求等各个方面，并使这样的客户不断增加，那么银行理财经理何愁业绩不会得到大大提升。

近年来，银行等金融机构都非常喜欢组织客户参加高端沙龙，这种方式可以拉近与客户的关系，增强客户黏性，借机营销产品。然而，很多银行组织的客户沙龙，动辄以“高端”、“奢侈”命名，贴上“豪华”、“贵族”的标签，看上去很洋气，听上去很大气，主办方自以为很受用，客户却很反感，纷纷表示上当仅此一次。距离没有拉近，反而多了些隔阂，适得其反。

前些天，听到一位同行说他们支行点想组织一次客户沙龙活动，最初的目标是计划邀请15位客户，希望通过这次活动来加强相互之间的联系，结果活动当天实际只来了3位客户！理财经理十分不解：明明在邀请客户的时候都答应得好好的，活动当天一早，他也都与客户一一确认过，为什么最后只有3个人来呢？

这位理财经理所邀请的这15位客户中，大部分是比较熟悉的老客户，有两三位是最近由柜员和大堂经理推荐的新客户，这些客户都说对理财沙龙活动中要讲的内容比较感兴趣，但为什么最后才来了这么几个人呢？

排除客户自身方面的客观原因，我认为导致这种结果的原因可能是客户对这种“老生常谈式”的客户活动形式已经厌倦。比如，该网点组织的理财沙龙活动通常都是在其贵宾理财区，主讲人基本上都是这位理财经理，对客户来说，没有什么新意，参加活动的兴趣也大大降低了。但面对理财经理的邀请，他们又不好直接拒绝，于是就采取了这种表面积极、实际消极的方式。

现在，我想讲一个“樱桃会客，亲近你我”的故事，希望能对银行理财经理们有所启示。

前段时间，分行给每个支行下了某款股票型基金的销售任务，那时A股刚刚启动，还不到2500点，客户购买的热情也不高，理财经理们一筹莫展。恰巧有一家专业户外俱乐部老板也是我们的老客户，上门推介他们为银行量身打造的“踏青采草莓”活动。考虑到最近几年，本市兴起的一股农家采草莓的风潮，我们决定利用周末时间组织客户采草莓，拉近与客户的关系，借机营销基金产品。

在商谈这次活动细节时，我们又提出，单纯组织采草莓，内容可能有些单一，如果能再适当加入一个主题可能会好一些，初春樱花正开，漫山遍野，宛如世外桃源，因此我们特别建议增加了登山赏樱花的项目。确定了活动内容，我们组织理财经理开始联系客户，并将时间定在了某个周末的下午。由于我们在与客户联系时，并没有说业务内容，只是说借周末的机会，请大家采草莓、赏樱花，享受一下周末的快乐时光。显然，客户都对这种方式很感兴趣：以前都是让我们去听讲座，这次是请我们去玩，真的不错！特别是那些本就计划踏青赏花的客户更是非常开心。与此同时，我们联系了基金公司产品经理，请她一起参加活动。

周末集合的时候，当时邀请的客户全部参加了，有几位客户还将他们最好的朋友一同带来了，使得原定的大巴显得有些拥挤，但非常温馨。到了草莓种植大棚，领队亲自为大家演示摘草莓的技巧，并讲解每种草莓的产地、特点、适合人群等，还提供了多种可口的点心，大家一边吃着亲手采的草莓，尝着点心，一边听着领队的讲解，现场充满了欢声笑语。开始时，大家都还有些拘谨，我们让大家做了一下自我介绍，这样大家可以互相认识，而且现场有不少企业老板，说不定还可能互相合作，扩大自己的生意，大家也都非常认同，纷纷开始做自我介绍。

事实上，在这次活动前期联系客户时，我们有意识地找了几位购买过我行基金产品的客户，当时也是想，如果在活动中有机会，可以让他们私下交流一下基金产品。基金公司产品经理在做自我介绍后，有几位老股民客户纷纷要求他给他们讲一讲当前股市行情和基金投资知识。但产品经理却说，“今天出来玩，就不讲业务了吧？”但几位客户哪里肯放过，一直嚷嚷说参加活动，也是想多和大家交流，多学一些知识。有一位客户甚至还开玩笑地说，“又能赏美景，又能尝草莓，还能学到理财知识，多好！”正巧到了饭点，我们围坐在酒桌前，边吃边谈，基金公司产品经理就 A 股行情及基金市场目前的情况做了简要介绍并重点谈了自己的看法，大家都听得异常认真，显然，这次特别的沙龙活动取得了意想不到的好效果。

首先，客户非常满意。正如前面那位客户所说的：“又能赏美景，又能尝草莓，还能学到理财知识，多好！”从现场情况来看，客户在良好的气氛中互相之间交流得非常好，有的还成了生意伙伴，所以他们也感谢我们能够提供这么好的交流沟通平台。

其次，我们达到了活动的预期目标。我们组织这次活动，就是为了和客户联系一次，进一步密切双方之间的关系。显然，这次活动达到了预期的目的，而且通过活动，客户对我们更信任了；活动结束后，多位客户又增加了在该网点的存款量，追加了产品购买；同时，新带来的客户也到该网点开立了账户。

再次，基金销售的任务完成了。基金公司主要的合作伙伴就是银行，所以银行的客户就是他们的客户，我们通过这次活动为他们介绍了高端客户，使他们有机会为大家介绍自己公司的产品，从而扩大业务范围。这次活动后，有多位客户购买了基金产品，我们的销售任务顺利完成。

最后，户外俱乐部扩大了客户来源。我们邀请的这些客户都是非常高端的，有的本来就比较喜欢旅游，通过这次活动，又有了一个不错的出游选择，绝大部分客户与俱乐部老板交换了名片，老板特别高兴，事后还专程登门拜谢，还说要免费为全行员工提供一次踏青户外游。

现在的社会是合作的社会，仅靠单个个人、机构的力量难以达到预期的目标。以我所在银行的优质客户发展来看，注重合作，特别是建设客户沟通合作的平台，将会收到事半功倍的效果，更能够达到多方共赢的目的！

沟通，需要精心规划、需要了解产品、需要练好基本功

客户的情况已经了解得差不多了，现在要做的是取得客户的绝对信任，银行理财经理要想取得客户的信任，首先要推销自己，取得客户对自己的业务水平的认可；然后用热情去感染客户，以金融产品专家的身份去引导客户，推销产品；最后，给客户提供完善的服务，提升产品价值，在此基础上，再推销附加产品，从而完成销售，建立良好的合作关系。

与客户的沟通成败，直接关系到产品能否成交，销售目标能否实现，那沟通成败的标杆是什么呢？就是要让客户觉得你能够为他提供资金调度、银行服务、理财投资以及理财等方面的完全解决方案。其实在一定程度上，你是在销售解决方案，是在帮客户消除心中的疑惑，解决他面

临的困难，也就是说，你必须是一个解决问题的专家。

1. 销售沟通时间管理

沟通要讲求效率，在营销的过程中，对沟通时间一般可以这样安排，假设理财经理同客户有 30 分钟的沟通时间，在开场阶段，首先去除客户的陌生感，排斥警戒心理，应安排 5 分钟的时间；然后，在商谈前段要给客户提供金融产品投资理财机会，设法引起客户的购买欲望，这就是销售商品阶段，大约需要 5 分钟；接下来，就是异议处理阶段，也就是真正销售的开始，此时就要同客户进行商谈，消除异议，抓住销售成交机会，这大概需要 10 分钟的时间；最后，留 10 分钟来收拾残局，比如向客户做出保证，承诺售后服务等细节，当然，也可以挪出这一阶段 5 分钟的时间到商谈前段，用来详细地介绍产品。这样，你的时间管理就会很有效，就会帮助你提升业绩。具体的时间分配如表 3–1 所示。

表 3–1 销售沟通时间管理表

内　　容	重　　点	时间分配
开场阶段	去除客户陌生感，排除其警戒心理	5 分钟
商谈前段	提供投资理财机会，设法引起客户购买欲望，销售产品	5 分钟
商谈后段	销售成交机会，从被客户拒绝后开始，处理异议	10 分钟
促成阶段	促成谈话法	10 分钟

2. 沟通，需要了解产品

单单了解了客户，对于产品销售、关系维护等工作还是远远不够的。比如，有的理财经理虽然对一些客户比较了解，但不知道该如何给这些客户配产品，不知道该配什么产品；有的理财经理在与客户交流时，对客户关于产品要素的咨询，回答模棱两可，常常用到“可能”、“大概”等模糊词语，或者向客户说：“我帮你问问”、“我再了解一下”等等，结果，由于自己不了解产品，本来可以购买产品的客户却因此流失了。

根据我们的调研了解，出现上述种种情况的主要原因之一，是对银行和金融产品不了解、不熟悉，没有掌握最新产品的相关动态，个别理财经理甚至基本上不学习新产品，在客户有需求时，再反过来找产品。比如我就曾经遇到过这样的银行理财经理。

前段时间，分行曾经组织了一次理财经理业务培训，培训师对参加培训人员进行了分组，要求每个组抽取一个案例，根据案例中主人翁的实际情况，为其进行资产配置，重点是结合培训中介绍的产品进行配置（我们在制作案例题目时已经进行了讨论，不同案例分别适合当日介绍的相关产品），并说明一下原因，比如客户情况、理财需求、为什么配这种产品、产品的要素等，最后再选出一位代表进行介绍。

理财经理们培训归来。我就利用例会时间组织他们再将重点内容向所有同事进行讲解、演练，演练过程中涉及一款理财产品，我想到前些天正好发给了在座一位理财经理，当时，这位理财经理有一个客户有这方面的需求。于是，我提议选这位理财经理进行介绍，但这位理财经理说对这款产品不熟悉，怕说不好，我以为是他谦虚，后来在我们的一致推荐下，他上去做了介绍，但效果却差强人意。

我很奇怪：我前几天刚把产品资料发给他，他也应用到了向客户提供的咨询中，那为什么他对产品的要素还是不熟悉？于是我问了一下原因，他不好意思地说，他对分行下发的一些产品资料会大致看一遍，有的甚至不看，而是先找客户，找到“合适”的客户后再反过来看产品，然后将产品介绍给客户。可奇怪的是，他都不了解产品，怎么去找合适的客户，如何知道这款产品就适合某一位客户呢？

由此，我们知道了他的业绩总是靠后的原因。

我们曾经对一些理财产品销售非常好的支行和网点进行过调研，并询问他们对其他一些网点提出我行理财产品收益低的问题的看法，他们说：“我行的产品个别时候确实收益比较低，但我们产品收益稳定，产品线完善，产品推出频率高，一款产品到期后基本上都有承接的产品，客户非常满意，不像其他一些银行虽然有时会推出一款高收益产品，但由于其发行频率低，到期后往往找不到合适的承接产品，所以虽然有时候我行产品收益相对较低，但客户还是喜欢在我行做理财。”我对这些支行和网点的做法非常认同，因为他们对自己的产品熟悉，并能够发挥好其优势，因此其业绩也非常优异。

由此可见，能够全面系统地掌握各类产品，对于理财产品销售和客户关系维护起着至关重要的作用。在日常工作中，要深入理解产品的功能、投资方向、特点好处，并能结合客户风险承受能力向客户展示购买该产品带来的预期收益，因为只有深入理解产品才能向客户介绍产品，通过聆听和提问等形式与客户有效沟通，为客户做好有效引导。

没有不合适的产品，只是没遇到合适的客户。记得在参加一次服务提升培训班时，一位讲师曾说过这样一句话：“其实，目前我们银行的产品非常丰富，既有行内的，也有代理行外的，既有风险高的，也有风险低的，完全能够满足所有客户的全部金融需求，但前提是你要对这些产品非常熟悉。”的确，就像前面提到的本行产品收益率低的问题，其实不同的产品适合不同的客户，我们只要把合适的产品推荐给合适的客户就行了，因为并不是所有的客户都喜欢高收益的产品，毕竟高收益伴随的是高风险。

3. 沟通中的基本功

（1）好口才

在与客户沟通时，银行理财经理要具备全方位的业务口才，一是单向表达，要有很流利的口才，讲话要精简，要言之有物，见解独到，让客户觉得很有吸引力；二是双向沟通，要尊重客户意见；三是推销，就是要尽量说服客户；四是谈判，在无法说服客户的情况下，谈判是个很好的选择，可以给客户预留较大的协商空间，以利于完成销售。全方位业务口才的条件如图 3–1 所示。

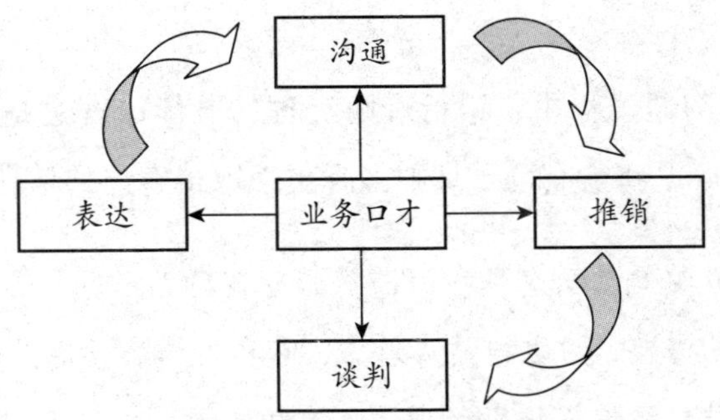

图 3–1　全方位业务口才的条件

（2）人际沟通技巧

关于人际沟通，从心理学的角度看有三个方面的能力，这三个方面的能力可以衡量出你是否擅长从事业务工作。

- 第一个是认知能力，主要是指你是否有认知问题的能力，让客户拥有与你一样的理财投资、财务管理的理念，然后要让客户认知与你的银行合作会有什么好处和方便。
- 第二项是语言能力，就是要有与客户顺畅沟通的能力。
- 第三项是社会能力，就是无论面对什么类型的客户，你都能够接受的能力，社会能力其实就是与人相处的能力。

这三大能力互相交融，社会能力强，如果这三大能力你都具备了，就能形成一块较大的交集，表示你是沟通高手。

提醒：

在沟通的过程中，态度也很重要，态度决定一切，无论是多大的银行，是多有实力的银行，你的表现都应该谦恭有礼，诚心诚意为客户服务。调查表明，在进行销售沟通时候，态度的作用占了60%，剩下的40%才是你发挥沟通技巧去争取的。

（3）肢体语言

当然，在沟通过程中，银行理财经理的肢体语言也是很重要的，再配以优雅的谈吐，将能有助于理财经理更快取得客户的信任。

- 微笑。微笑是理财经理拉近与客户距离的第一武器，理财经理应带着浅浅的微笑，用眼神鼓舞对方，使客户解除戒备，从而拉近距离。
- 开放的肢体语言。理财经理的体态语言要开放，不要抱胸，也不要把手插在口袋里，要坐在椅子上同客户交谈，不能躺着或者是斜着身体，要表现出对客户的信任，采用开放式的、不设防的身体语言与客户交流。
- 身体前倾。这姿势表示你乐意主动为客户提供服务。
- 接触。理财经理应当注意通过适当的方式主动与客户接触，从而激励对方，无论是握手还是身体接触。
- 眼神接触。在进行产品销售的过程中，理财经理的眼睛一定要看着客户，当然要注意方式方法，否则可能会适得其反，使客户有压迫感。不要长时间盯着客户的眼睛，你可以看他的眉毛，看他的眉宇之间，这样无论看多久也不会失态。再通过眼神来传达信息，取得客户的信任，同时放开自己。
- 点头。要在适当的时候用点头或其他方式表明你对客户的认同。

通过这几个身体的动作，可以在很大程度上化解客户对你的敌意和抗拒。

$ $ $【宗师讲营销】

沟通的视线和距离

在与客户的沟通过程中，视线和距离要适当，当银行理财经理开始与客户接近的时候，可以利用看资料的机会在桌面上同客户进行视线交流，也可以用你的身体语言来带动对方、引导对方，此时的距离应当是很近的。然后，当大家共同参阅资料时，通过你手中的笔来引导客户的视线，当笔离开资料时，应当与客户保持平行的视线，这些都是很好的身体语言技巧。

当然，在同客户面对面就座时，可以把资料放在两人中间，当说到对方感兴趣的问题时，他可能会把资料收走，这说明此时你可以加强攻势，利用其他技巧来推销你的产品了。在交谈的过程中，你也可以一点点将资料推前，你的整个动作对客户而言都是积极的，这些对销售的发展是有很大帮助的。

此外，在沟通过程中，往往会出现很多障碍，这些都会影响沟通的质量，银行理财经理应当尽量全面地了解障碍的类型，做好准备。

沟通过程常见障碍

- 错误信息的误导
- 客户的成见
- 过去的不良印象
- 无心与你沟通
- 先入为主
- 个人偏见

- 不知道以为知道
- 环境嘈杂
- 个人偏好
- 听不懂装懂
- 为反对而反对
- 他人的闲言闲语

（4）交谈时应注意的问题

银行理财经理在与客户交谈时应注意以下几点。

第一点，谈话要真实具体。谈话需结合客户的实际，不可讲大话，也不能漫无边际，要应尽量让客户说话，自己则做一名耐心的聆听者。

谈话要言行一致，不可轻易向客户许诺，但许下的诺言必须付诸行动。一次违约毁信，就有可能影响到拜访的效果，禁止问及对方的隐私。客户都不喜欢别人谈及自己的隐私、禁忌的话题，银行理财经理应做到避而不谈，以防让客户产生反感的情绪。

第二点，要口、手、眼相结合。拜访时除了与客户交谈外，银行理财经理还要用眼去观察，看客户有哪些方面需要帮忙的，做一些力所能及的事情。细微的服务往往会打动客户的心，从而加深客户对拜访者的印象，会起到“无声胜有声”的效果，无意中也为银行树立了良好的形象。

第三点，要让客户感到有优越感。每个人都喜欢别人的赞美，好听的话谁都爱听，客户也不例外，大部分客户都过着平凡的日子，而且平常还承受来自不同方面的压力，他们都想尝试一下优越于别人的滋味。客户的优越感被满足了，彼此间的距离也就会拉近了，能让双方的合作关系向前迈进一大步。

4. 高效的沟通，有赖于手术刀式的提问

初步沟通可以是搭讪，但更深入的沟通得是通过询问获取足够的客户信息。所以，银行理财经理应该是一个询问高手，提问题的高手。那么，银行理财经理如何用问句来刺激客户思考呢？以下主要有三种创造需求的询问技巧。

- 开放型问句，多用于开场的交流，主动询问客户在理财方面的困难等。
- 质疑型问句，一般是肯定反问法，对意志力薄弱的客户比较管用。比如：你不会不想增加财富吧？
- 封闭型问句，一般都是选择性问句，表现出理财经理较强的意志力。比如：请问你是选择开放性基金还是封闭性基金？

$ $ $【宗师讲营销】

客户经理需要记住的几种有效的提问方式

1. 问候式提问

问候式提问对于开场、把控气氛都有很好的帮助，它往往用在刚开

始的时候。比如："请问小姐贵姓？""先生，我可以帮您吗？""王姐，好久不见啦，最近忙什么呢？""李先生，您气色相当不错呀！"

银行理财经理掌握好问候式提问，在初次见面时会给客户留下一个良好的印象。

2. 开放式提问

举几个例子，比如："您喜欢什么风格的理财产品，稳健型的，还是进取型的？""您觉得一年收益多少才是合理的？""您喜欢购买债券型理财产品，还是股票型理财产品？"

3. 诊断式提问

诊断式提问是建立信任的一个很好的工具。我们经常用到的诊断词是："是不是"、"对不对"、"要不要"、"是……，还是……"这些就是诊断式的问题。这种提问方式既可以收集客户的信息，澄清事实，也可以缩小讨论范围。对客户而言，他能简单回答你的问题而不会有太大的压力。比如，我们可以这样来问客户："您是希望选择一只进攻型理财产品还是一只防御型的理财产品？""您买理财产品的这钱能放一两年，对不对？"

这种提问的缺点在于，如果频繁使用诊断式提问，会让客户处于被动局面，限制自我表达愿望的积极性，产生沉默和压抑感。所以，我们建议理财经理要把握好适度的原则，懂得控制自己的情绪，见好就收。

4. 好奇性提问

好奇性提问是激发客户兴趣的关键，比如："您知道为什么吗？""您知道 ×× 产品为什么和其他指数理财产品的表现有区别吗？"等等。这可以激发客户的兴趣，并产生"究根问底"的欲望，这是一种有效的提问方式。

5. 深入性提问

深入性提问往往是，"您为什么这么说呢？""还有吗？""除此之外呢？”……提问之后便噤声不语，把下面的时间留给客户。我们需要注意的是：如果客户说得越多，那说明他喜欢这个话题，也比较信任你，这对理财经理都是有益的。这种提问往往能够挖掘出客户的大量信息，有利于理财经理做出全面、正确的判断。

6. 引导型提问

引导型提问是建立在你了解客户的基础上，同时希望客户跟着你的思路做出预期的答案。比如：“在 GDP 经济增长的良好预期下，股市会做出相应的反应，您说是吗？”“其实您爱人也认同这只理财产品，不是吗？”

采用引导型的提问方式能够指引客户做出特定的反应，你将获得想要的答案。比如，理财经理采用引导型提问就是在与客户交流的过程中始终把握主动，不要被客户所牵制。

总之，使用不同的提问方式，可以获得不同的效果。理财经理要根据投资从实际情况出发，灵活变通，达到有效提问的目的。

$ $【案例分享】

王总，41 岁，经营一家计算机科技公司，年营业额为 2 亿元。假设王总是由客户陈经理介绍。现在，假设作为理财经理的你正坐在王总的办公室。请你开始进行营销面谈。

首先，请你依照目前情景的描述，写出 7 个你想问的问题：

1.

2.

3.

……

通常情况下，一般没有接受过提问力培训的顾问，问问题时通常会天马行空，追问的方向也十分凌乱，根本没有任何逻辑与系统可言。而一般的保险理财顾问也只会问一些跟保险相关的问句，除了保险就看不到别的可能的方向。而多数的银行理财经理却习惯提问与投资相关的问题，问题的方向可能会集中在银行本月或近期主打的金融产品上面。

那么，与客户面谈时，银行理财经理应该如何提问？提问的技巧有哪些？这些技巧又需要通过什么样的训练才能达成？

下面，我们将从具体的案例对比中，详细阐述不同提问力所产生的不同效果。

理财经理 A 的提问解释

问：王总，您投资过基金吗？

答：投资过一些绿能与农业方面的基金。

问：投资的绩效如何？

答：最近赶上了希腊债券危机，绩效都不好。

问：您的理财经理试图帮您止损过吗？

答：没有啊。对方卖了基金后，人就不见了。

问：那我来为您服务，好吗？

答：那你能帮我赚钱吗？

问：没问题，我推荐的基金一般都赚 15% 以上。

答：那太好了，就交给你处理吧。

案例分析：夸大收益率，风险会很大。

从以上的提问中，不难发现这个银行理财经理 A 想扮演一个投资顾问的角色，他对帮客户王总投资赚钱充满了信心。但是，投资顾问与理财顾问是两种不同的角色，也是两种不同的定位。

过去，台湾地区也有一些理财顾问跟案例中的理财经理 A 一样，他们在向客户推销基金或帮客户投资赚钱时，往往喜欢夸大自己投资理财的精准性，甚至出示自己以前的操作绩效给客户看，以此来取得客户的信任。

殊不知，这种做法却充满了危机与风险。因为，假如在经济景气的时候，银行理财经理若要求客户频繁转换基金，冲高自己的手续费，这或许还不会让客户产生亏损。但是，假若经济不景气，突然来一个逆转时，那就很可能让客户亏损。即使理财经理过去猜对了9次，只要有一次猜错，一旦让客户投资的钱亏损了，客户就会立刻翻脸不认人。

案例结论：先区分“热钱”还是“冷钱”。

理财顾问在帮客户管理资产、进行财务规划时，要事前区分客户投资的钱是冷钱还是热钱，只要透过精准的提问，这是很容易确认的。

热钱就是闲置的资金，可以杀进杀出。一般情况下，客户也愿意承担较高的风险。即便有亏损，也不会影响客户的日常生活或财务目的。一般而言，热钱赚的是时机钱。当客户拥有不对称信息时，或分析判断市场有绝佳的买进机会时，就会用热钱进场，追求超额的回报。但是这样投资，也要承担超额的风险。

同样，推理可知，冷钱就是客户为了达成中长期的特定财务目标（比如买房、留学、退休、养老、旅游等）所需的费用。一般情况下，冷钱并不追求高报酬，反而要求首先尽量避开一切风险，从而稳健地达成人生各阶段的财务目标。

通常情况下，理财顾问的职责是要帮客户规划冷钱，而投资顾问的职责是要帮客户投资热钱。两者的角色与定位完全不同，不能混淆。

理财经理B的提问解释

接下来，让我们看看，一个受过专业提问力培训的顾问，会如何提问？

问：王总，您投资过基金吗？

答：投资过一些绿能与农业方面的基金。

问：当初为何想投资基金？

答：当然是想靠钱生钱啊。

问：王总，您想要赚多少钱？

答：至少要赚50%的报酬。

问：那您的财务可以承受50%的风险吗？

答：什么意思，我听不懂。

问：报酬与风险是相对的。如果要赚 50%，就有亏损 50% 的可能性，您知道吗？

答：是有可能。

问：如果您现在有 100 万，假如投资亏损 50% 之后，这对您的退休计划会有影响吗？对您孩子的教育规划会有影响吗？对您家中的房贷会有影响吗？

答：这我就没想过，可能会有影响吧。

问：您觉得刚才向您问的问题，重要吗？

答：应该很重要吧。

问：您觉得我们是不是应该做一个完整的财务规划，这样才会让您比较放心。您认为呢？

答：好的，是该想清楚一些。

案例解释：15 个问题必不可少。

其实，理财经理可以提问的议题，至少应该包含下列 15 个议题。

1. 王总，您常用的投资工具有哪些？

2. 请问您做过税务规划吗？

3. 您对退休有何看法？

4. 您考虑过财富转移的规划吗？

5. 将来，您打算送孩子出国念书吗？

6. 您最近都怎样理财？

7. 您曾担心过什么风险吗？

8. 目前，您有固定的赡养金支出任务吗？

9. 您目前是否有负债？

10. 您听说过境外信托吗？

11. 您一生中最想实现的梦想是什么？

12. 您家中最重要的支出是什么？

13. 您做过境外投资吗？

14. 近期内，您有急切需要完成的计划吗？

15. 您会考虑在境外转移财富吗？

案例结论：提问要挖掘“深度”与“广度”。

以上问句都是访谈式的问句，即开启一个议题的问句。银行理财经理首先要通过这些问句，让客户参与面谈对话中来，并从对话的内容中，建立属于该客户的财务数据库，最终从中找出客户未来的财务需求。

上述 15 个议题都是广度的提问，是分布式的。每一个议题下，又可以再问出 15~30 个以上的深度提问。一般而言，提问句分为深度问句与广度问句。以下是有关教育费的深度提问句，通过一系列的提问，最终成了一组有联系且深入的对话。

1. 您的孩子几年级、几岁了？

2. 现在在哪里读书啊？

3. 您打算如何栽培孩子呢？

4. 您将来打算送孩子出国留学吗？

5. 您的孩子现在一个月需要花多少钱？

6. 您的孩子有安排一些才艺或其他的辅助课程吗？

7. 您对孩子的教育都做了哪些准备？

以上 7 个问句中，后面的每一个问句都与上一个关联，且下一句的提问与上一句的提问是串联式的。以上每一个提问，都对一个统一的议程有着深入地挖掘与了解。

总之，提问的能力是理财顾问面谈营销的关键能力所在。

$ $【宗师讲故事】

卖卤蛋的启示

这天，卖阳春面的老王听取别人的意见决定加卖卤蛋，有客户来吃面的时候，老王就会问：“您要不要加个卤蛋啊？”然而，基本上没人要。第一天的卤蛋没卖出去几个。有人就和老王说，你的销售技巧有问题，你要用肯定的反问法，这样意志力薄弱的人一般都不会反对的，而且你还不失礼貌。于是第二天老王就对吃面的客户说：“给您加个卤蛋吧！”不幸的是，老王的卤蛋还是没卖出几个。这下老王急了，这时一位销售高手传授了老王一个方法。第三天，有客户来面摊吃面时，老王就会问：“您要加一个卤蛋还是两个？”结果，今天老王的卤蛋竟然供不应求，这下老王终于明白了，询问的技巧非常重要。

营销启示

以上案例对于理财经理而言可能会深有感触，不同的询问方式得到的结果是截然不同的，因此，在不同的阶段，理财经理应当掌握不同的询问方法。

沟通的目的是成交

成交最见银行理财经理的功力。在成交部分，技巧很重要，就是要不断地刺激客户，从不同的侧面去说服客户，直至得到客户的认可。

既然是销售，就要备好筹码，要突出产品的特性、差异性、收益，在实际的推销过程中，理财经理必须熟知产品的特性，包括产品本身的收益情况、历史表现、投资标的等，要想成为金牌业务员，必须彻底了解产品的特性，这样你才能成为产品专家，讲话才有说服力，在谈判的时候，才会拥有更多的筹码，才能去帮助客户寻找差异性、追求利益。

银行理财经理要沟通成功、避免失败，要找对正确的客户，在适当的时机、适当的地点，推销适当的产品，用合理的价格满足客户的利益要求。那么银行理财经理应该如何去做呢？

接近

接近客户是第一步，它能让理财经理顺利地同客户展开销售。要使销售成功，不是单纯的一个人坐在那和客户对谈，而要带些“道具”，以引起客户的注意和兴趣，然后才能使其产生联想、欲望。可以使用到的“道具”有：产品的简介，以往的销售情况汇总等，针对不同的金融产品，会有不同的“道具”，理财经理应当学会创造有特色的“道具”来帮助自己。

施展营销技巧（扫清异议）

这是实现成交最关键的一环，说服客户的过程就是扫清客户心中的既有概念并植入新概念的过程，是解开客户心中疑问的过程，其非常强调技巧。

1. 首先肯定

在个人金融产品的销售过程中，要注意站在客户的立场考虑问题，不要当客户一拒绝就立刻反驳争辩。正确的做法是：刚开始同客户交往时，应该对他的要求尽量满足，也就是在回答时要多用“是”。当客户的情绪被安抚下来后，再提出你的附加条件，也就是要有转折，即要满足客户的额外条件，且是必须要附加的条件，并且这些条件也是合情合理的，这样的话，客户可能就不会再坚持他的额外条件了，理财经理也能较好地完成任务。这是以同理心为基础，通过疏导的方法来解决客户异议的技术，也是一种先感性软化客户然后理性分析说服客户的过程，核心就是要讲同客户持相同立场的话。

由于每个客户不可能只同一家银行打交道，理财经理在推销产品时，可能会遇到各种情况，对于竞争银行的产品，客户可能会有不同的看法，这时理财经理不要与客户争执，不要得罪客户。作为银行理财经理，得罪客户就是与你的薪水和奖金过不去。面对客户的不同意见，不要立刻拒绝或者批判，一定要先说支持对方的话，与客户产生共鸣，表示你能够理解客户的想法，了解他的立场，与客户产生良好互动，但是共鸣不是认同，如果认同了的话你就没法进行产品销售了，共鸣的目的是用同理心化敌为友，利用情绪疏导来引导客户。当同客户产生共鸣后，再将话题转回来，提示他不要把鸡蛋放在一个篮子里，竞争不仅能促进银行更积极地改善服务，客户还能享受到来自你的优质服务，只要给你机会，作为客户他就会享有两家银行的服务，那不是更好吗？站在客户的利益帮他着想，客户就更容易被你感动。

表 3–2　产品特性与价格分析表

商品特性				
差异性价值分析				
商品特性				
差异性价值分析				

表 3–3　产品与价格竞争性因素分析（SWOT 分析）

	本银行	竞争银行	比较利益
（优势）			
（劣势）			
（机会）			
（威胁）			

随着金融市场竞争的日趋激烈，理财经理在销售过程中仅仅立足自身已很难顺利完成产品的销售了，在推销的过程中，必须要结合竞争银行的产品进行差异性价值分析和比较利益分析，在表 3–2、表 3–3 中，分别对应的是商品特性分析和面临的竞争性因素分析（SWOT 分析），对商品特性的分析，主要在于比较产品的差异性，竞争性因素的分析主要是比较同一商品在不同银行的利益优势，对于银行理财经理而言，这两张

表格将是你说服客户的一个有力证据。

银行理财经理要将产品与服务进行分类，然后分别给出对应于客户的表层需求、差异性需求和深层需求的描述，作为进行以客户为导向的推销的基础。具体如表 3–4 所示。

表 3–4 商品特殊利益与客户需求分析表

商品与服务特殊性利益	客户的表层需求	客户的差异性需求	客户的深层需求
A.			
B.			
C.			

除了熟用以上几张表格外，银行理财经理还要懂得销售价值，运用销售智慧。银行理财经理态度好属于是感性的，另外，还要进行理性地说服。

（1）贩卖价值

在进行理财产品的销售过程中，银行理财经理要时刻记着使用销售价值来吸引客户，应当把握以下原则：

- 产品稳健无风险或风险低；
- 相比其他银行，手续费用低、无手续费；
- 投资标的安全、产品结构合理；
- 适当做出“保本”承诺；
- 灵活理财，降低通货膨胀的损失。

（2）适当的产品要卖给适当的人

一种产品设计出来一定是符合某类对象的，不可能面向全国的十几亿人口去营销，肯定只是选择其中的某个群体进行销售，要将适当的产品卖给适当的群体，要注意以下两点：

- 避免销售你不懂的产品，不管收益多高；

• 切忌强行推销，从而带来不良的客户体验。

2. 连续质疑

所谓质疑法就是质问对方，让对方怀疑他自己。你可以很有礼貌、善意地询问你的客户。“这个产品就能令你满意了吗？没有想过还有更好的产品吗？只有这个理财产品你就够了吗？你没有想到更高的保障吗？某某银行这样的服务你就满意了吗？有没有想过还有更好更先进的银行提供的更新的服务吗？你难道不想尝试一种让你更方便的服务方式吗？”这样不断地用问号刺激客户，他就会开始怀疑自己，可能就会反过来问你更好的产品和服务在哪里？这时银行理财经理的机会就来了，就该充分展示你作为金牌业务员的魅力了。

在实际的销售工作中，还要分析同业竞争者，在上述案例中，对于这样的客户会有很多的金融机构可供选择。比如周边银行又出了什么高收益产品，周边银行又在搞什么“存定期，积分换好礼”活动，周边金融机构是否针对我们采取了别的活动。如果没有搜集到竞争者的这些信息，要想制订有针对性的销售策略那是不可能的。

建立独特的理论

对于同一个问题，要想说服客户，银行理财经理就要另立一套对自己有利的论点来支持自己。当业务员在销售产品的过程中遇到难题时，一定要学会转换角度来考虑问题，要有自己的一套理论，客户认为你销售的产品贵，你可以说：“这才能够衬托你的身份，这个产品之所以贵，就在于它有优质的服务、卓越的品质，知名的品牌。”当然，对于不同的客户，影响的方式也会有所不同，但是，一定要从观念入手，为客户提供观念式的引导，这也是作为银行理财经理的思想家素质的体现，要总结日常的销售经验，去寻找一些能够说服不同客户的思考逻辑，这常常会令你事半功倍。

用事实说话

理财经理不能只是口若悬河地同客户交流，要让客户最终信服，还要辅以有力的证明，对于你所陈述的产品性能、用途等，要不失时机地展示给客户，这样才能让客户相信你。

促成

到此阶段，就该适时促成了，只要客户表示出对产品的信任，银行理财经理应马上就想办法促成。

在使用这些技巧时，要想取得好的效果，就不要单独使用，而要组合起来使用。

银行理财经理在同客户接触时，要学会倾听客户的心声，学会替客户着想，了解客户有什么需求，怎样才能给客户带来方便，要尽量简化手续，加快作业流程。

总之，银行理财经理要先了解客户的特性和需求，明确客户的具体需求、身份背景、收入来源等，了解客户是否有理财经验，然后利用客户导向的方法进行营销。同时，要将这些因素综合分析，分析出对客户的采购决策有什么影响。然后结合银行实际情况和政策条件来决定是否要继续将销售进行下去。

以下是四种常用引导方法，以利于促成营销成功。

1. 注意力转移法

一位从事手提电脑销售工作的业务员，推销一台电脑给大学讲师，讲师却认为电脑太贵了。这时，业务员说道："非常抱歉，让您觉得贵，但是，您可能没有注意到它是可以遥控的，因为您是讲师，常常会在一定的距离使用电脑，这个遥控功能就可以帮助您在一定距离内控制电脑进行换页等操作，可以很好地衬托出您的专业度，从而提高您授课的价位，别人对您的信服率也会提高，所以说，向您推销这台电脑，不仅是为了赚钱，而是为了让您更方便，更能展现您的才华。”业务员轻而易举地将电脑贵的原因归于遥控功能，之所以交给它，是因为遥控而产生的专业度所衬托出来讲师的专业度，产生了一个转移的价值。

2. 围魏救赵、两害相权法

围魏救赵是帮助银行营销经理脱离困境的一个好方法，特别是在条件的谈判上，销售沟通到最后会进入销售谈判阶段，此时的给和取是很讲究艺术的，怎样才能立于不败之地呢？围魏救赵是一个不错的方法。

$ $ $【宗师讲营销】

战国时代七国并存，比较强大的有秦国和齐国，各国为了更好地保护自己，各自抱团组成了盟国。那时，秦、魏结盟，齐、赵一家。一天，秦国派兵来攻打赵国，照理说，齐国应当赶快派兵来帮助赵国防御，因为同盟国的利益就是他的利益。可是这样的话，两强相争就会损失很多兵力、财力，于是，齐国用了一个最省成本的方法，来解除赵国即将被秦国灭亡的困境，他派兵把魏国包围了起来，因为魏国是秦国的同盟国，无奈之下，秦国只有赶快派兵去帮助魏国防御，消灭赵国的计划也就破产了，最终赵国得以保存，这就是史书上的齐国围魏救赵的策略。

那么，在营销实践中如何运用围魏救赵的策略呢？我们通过一个案例来进行简单说明，齐国围魏救赵的策略之所以能成功，就是拿住了魏国这个秦国的七寸，举例来说，老张是一个银行理财经理，客户甲想买某款高收益理财，适逢流传央行降息，老张先向她推荐了三年、五年期定期储蓄，甲嫌收益低、时间长，老张历数了定期储蓄在收益性、稳健程度上的优势，客户仍不认可，但又没说要去其他银行看看，老张明白这是客户想要额外的优惠，只听他说道：“现在我们搞资产客户免费办理免年费高额信用卡活动，我为您免费办理，可享受多种增值服务，你看行吗？”客户仍不满意，老张抛出撒手锏，“我跟您说，现在存定期，可凭积分兑换花生油，过两天一降息，收益低了不说，礼品也不如现在好，建议您赶紧存。”客户问买另一款短期高收益理财是否配礼品，老张明确表示，买那款什么优惠也没有。从客户的角度考虑，短期来回折腾这肯定不划算，那还不如把闲钱存个定期，于是双方顺利成交。

通过上述两个案例可以看出，在金融产品的销售实务中，银行理财经理要巧用丢车保帅的策略，通过其他相关的条件来同客户交换利益，而不是强行防御或直接攻击客户的切身利益，只有这样，才不至于失去客户，同时还保护了自身的利益。

还有这样一个故事，说20世纪80年代初在城市还流行补锅，有个家庭主妇拿着家里一口破了的锅想扔掉，恰巧碰到了补锅师傅，补锅师傅一看她要把锅当垃圾扔了，非常着急，心想：“她一扔，我的生意就没了。”于是，他便跑上前去大喊一声“补锅了，便宜了！”“多少钱补一次”，“3角，扔了多可惜，买新的还得花钱，我给你补上，跟新的一样用！”一单生意就这么成交了。师傅接生意就使用了两害相权法，关键有两点：小洞变大洞；掌握主动，说服农妇。农妇也是两害相权取其轻，虽然补锅费比过去高了一些，但是相对于买一个新锅的价格还是可以接受的，这就是补锅师傅的技巧，这对银行理财经理会有很多的启示，总结起来有两点：

- 将问题扩大；
- 造成对方还好的心理。

3. 现身说法——让客户说服客户

在产品的营销过程中，银行理财经理的口才至关重要，但是同时少不了有力资料的佐证。印证法就是利用提前准备好的成功案例、统计分析资料，甚至是客户的朋友同你的业务往来的经验，来说服客户，这会让客户更容易接纳你。

在集中兑付的时候，让客户说服客户特别有效，有时我们的银行理财经理抓住一个客户重点进攻，说服他购买目标产品后，围在旁边的客户就向他打听买了哪款产品，他立刻充当义务宣传员，恨不得把理财产品说得比理财经理讲的还到位才好。人既喜欢从众，也喜欢有更多的人认同自己，为了让大家认同，他会自发地向别人宣讲自己的理财经，以求别人跟从自己。理财经理如果能运用好这点，会达到事半功倍的效果。

此外，我们在营销中还要注意培养“预备役”力量，引导那些中老年客户发挥余热为我们当宣传员。我之前在网点的时候，手机中存了不少大爷大妈的电话，这些人会隔三岔五带着自己的街坊邻居来我们网点理财，我会根据他们介绍客户的数量、质量，给他们小则肥皂，大则花生油、锅具类的礼品表示谢意，作为鼓励，也提出新的要求。夕阳无限好，预热发挥不得了，几年下来虽然礼物送出去不少，但客户真的拉进来很多。现身说法，让客户说服客户、让客户介绍客户，大大提升营销效率，降低了成本。

4. 加砝码和撤梯子——销售的促成和关系的促成

在足球比赛中，从后场起球、中场配合、前场的助攻到将球攻进球门，是一个层层推进的过程，同样，在金融产品的销售过程中，所谓的将球打进球门就是销售的促成，即通过一系列的前期处理后，如何让客户签下订单?

人类行为的改变是渐次增强的，在行为的逐渐改变过程中，银行理财经理要善用正增强促进客户的渐次增强，缩短改变的周期。所谓正增强就是通过奖励来鼓舞、激励客户。

当然也可以利用负增强向客户施加压力，加速客户的决定，负增强就是在同客户交谈的过程中通过取消已经允诺的条件来迫使客户尽快做出购买决定，要给客户造成不早点同你合作就会有很大损失的感觉。通过正增强和负增强方法的运用，来尽可能缩短渐次增强的周期，这需要理财经理有很好的耐性，要有计划地逐步引导客户同你合作。

促成的策略包括如下四个方面，促成并不是只能在交谈的最后再提出，而应贯穿于销售的整个过程，对于金牌银行理财经理来说，会在第一句话就开始促成了，即开门见山地说："今天来拜访您，主要目的就是希望您能够使用我们银行的服务，采购我们的产品，让我们帮您投资理财。"作为银行理财经理要勇于开口促成，要有很强的企图心和意志，不要怕拒绝，拒绝多表示提供的服务不够好，应当再加强服务，继续向客户提供服务，直到客户被说服为止。所以，银行理财经理可以随时同客户促成，但也要有一定的层次性，应当在完成一个段落交谈后，适时提出促成。而且要累积小促成为最终的促成，同客户的交往不是一次就结束的，就算客户这次不与你签合同，也要留下好印象，以备下次再来。所以，即使当时没有成交，也要让客户知道今天的商谈获得哪些结论，求大同，存小异，有异议的地方改天再来，这也算促成。银行理财经理要能够从比较宽广的角度来看促成的价值和应用。

危机处理

客户为什么拒绝，为什么离开？

客户拒绝的原因有很多，既有人为因素，也有产品、竞争性以及服务等的因素，具体内容如表 3–5 所示。

表 3–5　客户拒绝原因分析表

拒绝来源	状况分析
工作人员因素	关系弱、专业度不够、不被信任
产品因素	商品并非客户想要，缺乏附加价值
价格因素	客户心理认为收益低，并且没有奖励措施
时机未成熟	不到购买时刻，产品市场未成熟
经济能力限制	已超出客户预算范围，并且客户已有多项投资

续 表

拒绝来源	状况分析
个性因素	客户行为保守，优柔寡断
竞争压力	想寻找更适合或更好的商品
服务品质	服务质量不满意（说明不清楚）

当与客户交谈中遇到障碍、产生敌对状态时，要引导客户进入分工合作阶段，这是销售中很重要的转机。如图 3–2 所示，要向客户阐述明白，银行承担一部分责任，给客户一些特殊的优惠，客户也应当承担相应的责任，一人让一步。引导客户进入分工合作是异议处理中很重要的技巧，银行理财经理要勇于开口要求客户承担起他的责任来。接下来，就会进入互助合作的阶段，问题就容易解决了。

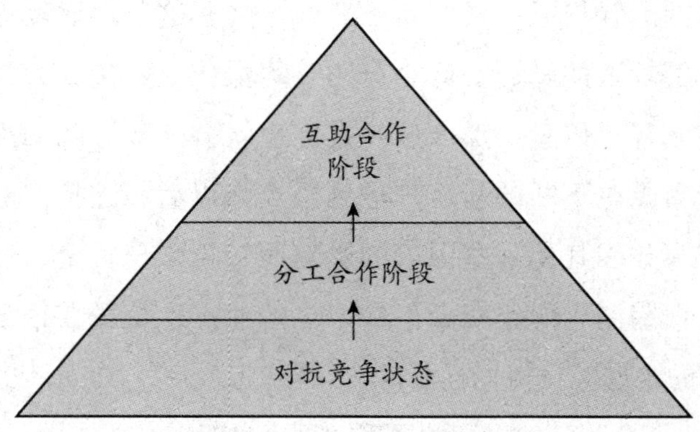

图 3–2　引导客户合作图

有时客户要转走自己的资金，“我在其他行有 VIP 卡了”、“我回去再考虑看看……”、“这款理财产品能达到这个预期的收益率吗？”很多银行理财经理、大堂经理被这些问题一问，就真的以为客户是不想办理了？其实，理财经理在考虑如何应对这些客户拒绝或异议的处理话术之前，更应该在过后学习去思考这些拒绝或异议的真实原因。

学会寻找到客户真实的拒绝或异议理由是十分关键的，只有找到“病因”，才能事半功倍地解决它。因此，在日常工作中，理财经理应学会多积累客户拒绝或异议的理由，再对这些客户理由进行分析，最终制订个性化的营销策略。

由于许多银行的网点在盈利能力和服务标准化上的问题长期存在，所以都进行了网点转型与升级改造的尝试。在此期间，一些银行取得了收获，但仍然有很多问题没有得到解决，很多潜力客户及大量储蓄存款仍然在不断流失，同时网点又缺乏新客户承担和消化银行的新业绩指标。银行理财经理辛辛苦苦拉回来的存款，在月度总结中却发现增长幅度很小甚至有时还出现了负增长。列出三天的柜面业务操作流水清单，通过对大量的数据分析，结果让大家大吃一惊，看起来每笔取款的额数较小，但是加起来却有几千万。

当前，很多银行网点遇到的最大短板就是资金流失和客户的降级，有些客户在网点开户时并没有留下联系方式，这给理财经理后期的客户维护造成了较大的障碍，而柜员因日均操作笔数量大，没有过多的时间留意补充客户信息，那么这一批客户就会随着时间的推移离银行越来越远，当源源不断的新客户进到网点来以后，这批“老客户”就会受产品、服务或其他一些因素的影响而转移账户资金，造成网点的存款余额出现漏洞。防止资金不知不觉地溜走，是摆在很多银行网点管理者面前的难题。

客户转出资金到其他银行的原因，可分为四大类。

1. 购买理财产品

产品导向型的客户是日常遇到较多的客户群体，也是销售人员口中最难以挽回的一种。这些客户每到产品到期前都要“走三家，看三家”，不仅要对比产品的收益率，更是要对比一下各家银行的礼品设置情况。无论是银行理财经理还是大堂经理总是被客户那句“你们行的产品没有××行的产品收益率高”而言败。通过大量的销售岗位座谈调研发现，这个类型的客户都是被销售人员“抛弃”的一类。由于这类客户总是喜欢单纯地从产品的收益率出发去做比较，虽然表面上看本行产品也许会稍逊他行一筹，但是客户并未看到其他的风险因素或本质收益，这样销售人员就会给这类客户戴上忠诚度不高的帽子。因此，这类客户来网点取走存款是最容易的，极易被他行高收益率的产品所吸引走。

2. 不满意银行服务

服务导向型指的是因为银行服务不到位而选择其他银行的客户，这类客户相对来说是数量较少的一个群体，因为现在越来越多的银行都会关注客户服务本身，但是在以客户为中心的核心战略中，获得收益的客户往往只是一些高端客户。那些中低端的客户因为维护频率较少或长时间不受重视而选择其他银行，从而带走相当大一部分的日均存款余额。

3. 生活消费

消费导向型是指将资金购买房、车、升学等一些明确性的消费需求的客户。银行理财经理或大堂经理在进行一次和二次分流的过程中，当询问到客户资金主要是用于买房、买车或生意周转之后，马上就会提供便利的取款路径。但殊不知，现在一些客户为了保护自己的资金隐私一般都选择告知大堂经理：取款是为了某种明确而具体的消费需求，因为客户知道这类理由是将存款取走的一种最佳理由。因此，许多行员就会在资金不知道流向的情况下，一笔笔地从那块短板中流出。

4. 其他原因

这里的特殊是指目前有一些客户利用银行考核日均和时点的任务特点，将资金委托给中介人，由中介人将其存入某家银行，中间赚取所谓的手续费。这种资金的额度一般都比较大，一旦移动就会在存款余额上留下较大的漏洞。即便漏洞再大，对于这种类型的客户还是要保持一个原则就是不要提供任何发展的市场空间。

尊重你的上帝

当理财经理碰到客户有异议时，一个基本的策略就是要以客为尊，要尊重客户的立场、感受和需求，还要尊重客户的想法，这样客户才会愉快，才会给你反馈。银行理财经理要学会使用疏洪法，同客户打交道时，应先顺着他，再控制他，遇到客户拒绝时要有气度，能够包容对方，不要看到对方拒绝，就马上脸红脖子粗，总是想反击客户，去抗争辩论，这不是银行理财经理应该做的。一定要先逆来顺受，等客户情绪被安抚好了，再提出你的反对意见，银行理财经理一定要善用人性，才能得到客户的支持，最终与之建立良好的关系。

应对客户拒绝的妙计

银行理财经理在进行金融产品销售时的应变技术至关重要，主要有以下方法可供选择，在实际的应用中不能只用一个方法，而应当将各种方法整合营销，灵活运用，这样才能取得最佳效果。

1. 一激二安三交代

第一个策略是一激二安三交代。

自中国加入WTO后，金融市场与国际接轨的步伐日益加快，随着整个金融市场的开放，同世界金融市场的全面融合，迅速促进了中国金融市场的规范和成熟，服务是一个成熟市场里面最重要的竞争力，当商品同质性很高、价格相似性很强时，比拼的就是服务的差异性。在一个发展成熟的市场中会非常重视服务，一激二安三交代，就是在这个思想架构下的产物。

（1）先激励

不论客户多挑剔，怎么为难你、拒绝你，你一定要记住第一个原则，先激励他，让他相信他是我们非常重要的客户，可以告诉他，他的企业这么大，我们服务他都来不及，怎么会让他生气呢？先给他戴一顶高帽子，这叫作一激，人都是喜欢被赞美的。所以，当客户不满意或生气的时候，要马上送一顶高帽子给他，让他觉得他在你心目中很重要，他自然会比较收敛，不会太生气，这是一激的作用。

（2）安其心、安其身

二安，是指在客户有异议时，要安其心和安其身。安其心就是在口头上安抚他。让客户放心，你一定会设法解决当前的问题，让他满意。一般来说，只要不是太刁蛮的客户，还是会被你软化的。当然，在安抚时要使用比较委婉的讲法，可以这样向客户表达：“我个人承担不起这个责任，但是回去我会给我们的经理报告，然后我们保证在明天给您一个满意的答复。”安其身是指在客户生气的时候，马上给他找个安静的地方安顿下来，不要让他站着当众生气，如果有很多人在场的话，顾及面子，客户就会越吵越大声，抗争给大家听。这时，就要带他离开，把他安顿到一个独立的空间里，然后给他端茶倒水，让他好好休息一下，然后温和地同客户开始沟通。

（3）明确的交代

对客户而言，最后的结果很重要，凡是有抱怨的客户，不管你如何解决，他最终要求的是有一个明确的交代，这就是消费者的心理。无论结果是否能让客户满意，都要给他明确的交代，这样，他才会放下心来，不会一直纠缠不休。

2. 简单问题复合化

当前面临的单一问题是该行的利率相对竞争银行来说高了一点，这时就要提请客户注意你的其他条件，虽然利率高了一点，但是我方额度要比对手高几万块钱；我行的放款速度比其他银行快，毕竟远水救不了近火，我行可以更快地帮您解决问题；贷款年限多了五年；还款办法让你更方便；贷款还可以循环使用，方便你自由理财；担保设定的条件没有对方苛刻；还可以分期付款，让客户自己选择便利的交款方式；还有循环利息。这样比较下来，客户肯定会重新审视你的条件，因为你的条件考虑得更全面，九个条件中只有一个不利条件，但相对于其他八个好处，多付出一点还是值得的。

所以，当客户紧抓一个对你不利的问题时，要想尽快脱困，就要化单一问题为复合问题，要引导客户反向思考，请他重视其他几个有利的条件，降低不利条件的杀伤力，这就是化单一问题为复合问题的技巧。

3. 以退为进法

当遇到客户拒绝抱怨的时候，先不要慌张，先退让一步，缓和一下气氛，等客户的情绪被你影响、控制后，再来解决问题。表面上的让步甚至于忍辱负重，都是你不断前进的机会，让你有机会再次反过来销售，即虽然你的言行举止是后退的，但是你的销售进度是前进的，这就是插秧法的智慧，作为很重要的技巧，理财经理应当善加利用。

4. 在拒绝面前比的就是意志力

其实，在拒绝面前就是看谁有更强的说服力、谁的意志力更强，即坚持者赢，只要你的意志力比客户坚决，大概会有一半以上的客户，在你的意志力之下会妥协。这种体会在我们的日常购物中也会有所体现，比如说买衣服，你会发现常常最后购买的衣服和初始的设想完全不一样，其实，一个重要的原因就是购买衣服的时候售货员的坚持起到了决定性作用，可能当你还在考虑要选什么颜色的时候，售货员就会中肯地建议你："我认为这件才适合你，你自己可能有个人的偏好，但是站在客观的角度，我认为你需要让自己变化一下，衣服颜色的搭配应更多元化一些，人生应当是多彩多姿啊！这件不错，颜色挺时尚、料子不错、价格也合理，样式也挺好的，而且还很好洗涤，买了吧，我就帮你包了，你是刷卡还是付现呢？"经过这一番交流，你多半就会被她牵着走，所以意志力非常重要，当然条件是至少这件衣服客户还能够接受。所以说，坚持者赢，理财经理的能力就在最后一分钟的坚持，而且是反复的坚持，坚持也是一种伟大的力量，能助你取得好的成绩。

$ $【宗师营销语录】

销售最大的敌人，不是对手，不是拒绝你的客户，不是产品不好，最大的敌人是：你的抱怨！你的借口！

1. 顾客是最好的老师，同行是最好的榜样，市场是最好的学堂。取众人之长，才能长于众人。

2. 依赖感大于实力。销售的 97% 都在建立信赖感，3% 在成交。

3. 当你学会了销售和收钱，你不想成功都难。

4. 拒绝是成交的开始。销售就是零存整取的游戏，顾客每一次的拒绝都是在为你存钱。

5. 要从信任、观点、故事、利益、损失、利他六个方面，创造让顾客不可思议、不可抗拒的营销方案。

6. 销售是信心的传递，情绪的转移，体力的说服；谈判是决心的较量；成交是意志力的体现。

7. 力不致而财不达，收到的钱才是钱。

8. 一定要给顾客讲有含金量的东西，一定要学会创造价值，为顾客创造他需要的价值。

9. 所有的一切事物，都要学会去联结。情感的关系大于利益关系和合作关系，要与顾客有深层次的情感交流。

10. 顾客买的不仅是产品本身，更是买产品相应的及额外的服务。

11. 人脉就是钱脉，人缘就是财缘，人脉决定命脉。

12. 你永远没有第二次机会给顾客建立自己的第一印象。

13. 销售等于收入。这个世界上所有的成功都是销售的成功。

14. 做业绩千万不要小看每个月的最后几天，这好比是 3000 米长跑，当你跑完 2700 米时，最后的 300 米尤为重要，最后几天是最容易创造奇迹的时刻。

15. 没有卖不出的产品，只有卖不出产品的人；没有劈不开的柴，只是斧头不够快；不是市场不景气，只是脑袋不争气。

16. 一流推销员——卖自己；二流推销员——卖服务；三流推销员——卖产品；四流推销员——卖价格。

17. 销售时传递给顾客的第一印象：我就是你的朋友，我今天与你见面就是和你交朋友的，所有顶尖高手都是会把客户当家人的人。

18. 随时随地都在销售，把销售变成一种习惯。成长永远比成功重要，你可以不在销售中成交，但你不可以在销售中不成长。

19. 只有找到了与顾客的共同点，才可能与他建立关系。销售就是建立关系，建立人脉。

20. 选对池塘才能钓大鱼，顾客的品质一定要好。你的选择大于努力十倍。如果你为穷人服务，你将变得越来越穷；你可以把自己定位为珠宝店老板，也可以把自己定位为收破铜烂铁的小贩；你服务十个破铜烂铁不如服务一颗钻石。

21. 小事情就是一切，煮熟的鸭子为什么会飞掉？是你的细节失败了，让顾客不爽了。

22. 销售不变的法宝——多听少讲，多问少说；服务的最高境界——发自内心，而不是流于形式。

23. 销售等于帮助，一切成交都是为了爱！爱他就成交他吧！收到钱是帮助顾客的开始。

24. 销售员必备的乞丐精神——面对"顾客"首先微笑，每天被拒绝多次还是一如既往。

25. 对待老顾客要像对待新顾客一样的热情，对待新顾客要像对待老顾客一样的周到。

26. 销售是信心的传递，谈判是决心的较量；销售就是建立感情，销售就是获取信任。

27. 顾客买的更多的是种感觉——被尊重、被认同、放心。

28. 因为熟练，所以专业；因为专业，所以极致。只有专业才能成为专家，只有专家才能成为赢家。任何顾客都不会和业余选手玩，因为他们深知业余没有好结果。顾客永远只相信专家，专家代表权威和被信任。

29. 销售人员要永远问自己的三个问题：我为什么值得别人帮助？顾

客为什么要帮我转介绍？顾客为什么向我买单？

30. 天上不会掉钱，要赚钱找顾客拿。买和不买永远不是价格的问题，而是价值的问题。要不断地向顾客塑造产品的价值。

31. 看自己的产品就像看自己的孩子，怎么看怎么喜欢。热爱自己，热爱自己的产品，热爱自己的团队。

当经过一系列前期的处理后，客户已经认同你的产品时，给客户两个以上方案供其选择，这样的话就会造成一种不买还不行的想法，就达到促成的目标了。

当你向客户推销一份理财产品时，可以选择的说法有："请您抽空了解一下这份理财投资建议书，如果今天不能决定，我明天再来。"或者"您印象中认为 A 银行的商品比较好，我能理解，因为您还没有给我机会做比较，明天听完对您有利的分析报告，我相信您会有新的看法。"在交谈中不要给客户太武断的印象，例如，在后一句话中，就不要说会改变客户的看法，这样的话客户的心理也比较容易接纳。在缔结谈话阶段，应至少表示三到五次"请购买吧！其实可以决定了！我帮您填妥表格吧。你选择房贷季缴吧……等等促成要求。"

当客户在即将成交时说要再等一等、想一想，这时千万不要放弃，尝试做第二次的努力，只有不断努力，你才会获得更好的成果。

5. 正面鼓励法、反面施压法

在销售过程中，银行理财经理要不断激励客户去购买你的产品，营销的过程是一个不断推动客户、增强他购买动机的过程，有如下的正面鼓励法可供选择。

发出信号与客户沟通主要包括如下内容：

- 声音信号，要音量明朗足以推动对方，准备缔结成交；
- 言语信号，要善用语言文字，多运用各种修辞手法，就能较好地引导客户，采用询问谈话法使对方容易理解，愿意同你互动；

- 表情信号，像喜神般爽朗的气势，足以让对方说“是”；
- 专业信号，使客户感觉自己善于处理公司商品，给客户留下一流推销员的印象；
- 视线信号，灵活运用眼神，使它像嘴巴一样会说话；
- 动作信号，随时发出肯定信号，运用身体各个部位参与商谈；
- 精力信号，唯有不断发出愿意向客户推销产品信号，才能引动客户的购买欲望。

正面鼓励要不断让客户相信他选择的正确性，可采用如下的说法：“您买了理财型保险之后，将能兼顾获利与安全保障的双重利益，一般的寿险保单是无法兼顾双重保障的，所以，我相信您已经能够预见到这么好的收益，相信您一定会考虑购买了吧！”

除了正面的激励外，还可以通过施压来促使客户做出购买决定，这就是反面施压法，该方法就是将如果不决定购买可能会产生的不良后果告诉客户，让客户有一种压迫感，然后再正面推销。

假如已经与客户讨论多次还没有成果，这时就需要使用这种方法来敦促客户做出决定，但是该方法一定要在有把握的情况下使用，否则，只会弄得自己灰头土脸。

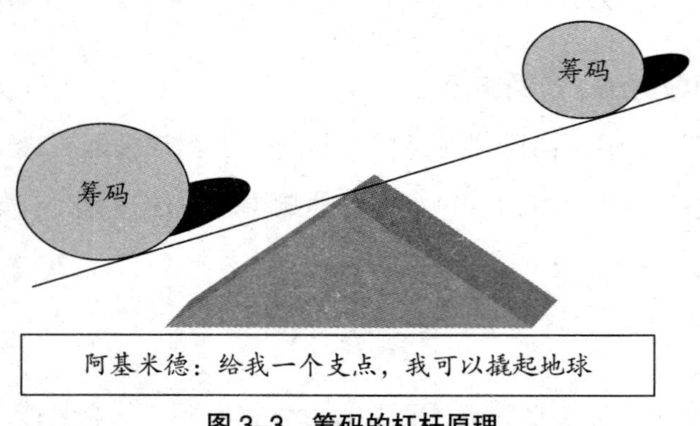

图 3–3　筹码的杠杆原理

由图 3-3 可知，在进行营销售谈判时，银行理财经理要根据自己的筹码选择恰当的支点，去同客户谈判，也就是选取客户关心的关键利益来解决当前面临的困难。

这里的筹码指的就是能给客户带来压力的利益，这些利益的选取建立在对客户的充分了解上，同时还要能适时分析客户的心理因素变化，因为谈判是一个动态的过程，在这个过程中要充分展现你的销售技巧，体现出金牌理财经理的魅力，把握每个细节，从而取得成功。

6. 暗示

在销售的缔结阶段，要注意客户发出的暗示，以能适时提出成交要求。常见的暗示内容如下：

- 客户接近你，并且热情地询问时；
- 谈话进行中，不断地提出问题时；
- 拿着说明书，开始认真地看内容时；
- 身体向前倾，专注地听你谈话时；
- 客户默不作声，眼睛开始转亮时；
- 开始询问手续费时；
- 询问申购手续时；
- 询问购入后的服务问题时；
- 开始认真杀价时；
- 开始和周围的人商量时；
- 要求看分析图时；
- 提出其他购买者时；
- 讨论基金如何赎回时；
- 讨论美元的远期汇率时；
- 话渐渐多起来时；
- 出现合作意愿的善意眼神时。

当客户表达签约意向后，并不是就代表成交了，主要客户还未在理财协议上签字，理财经理就不应放松，这时，应当掌握一些避免签约失败的技巧，内容如下：

- 神色不慌张，要保持镇定；
- 不要说多余的话，避免失态；
- 话不可过多，免得客户厌烦；
- 不可静默不语，不要让客户觉得你似乎不乐于服务；
- 签约的前一天不可和客户争论；
- 不要使用否定用语；
- 主导权不可落在客户手中；
- 谈条件时态度不可怯懦；
- 不可有乞求的态度；
- 不可临时提出新的条款；
- 不做不必要的逗留。

$ $【宗师讲营销】

问题

在金融产品的销售过程中，电话营销是初步筛选新客户来源的技巧，不过需大量时间与数量才会见成效。

先进理念

一个先进的销售理念就是，在金融机构的业务量中，电话银行应当占 30%，网络银行占 30%，人员银行占 40%。

心理建设

在进行电话营销前，要有一定的心理建设准备：

- 电话开发大量客户是必需的；

- 培训电话营销技巧，例如，如何快速分辨客户以节省精力，如何在一定电话时间内提高成功率等。

电话行销秘诀——解除心理防线

- 第一印象最重要：要热诚、信任、亲切、礼貌、尊重。
- 迅速建立关系：可通过主管推荐、客户资料等手段。
- 掌握关键：不深谈，只谈重点，鼓舞客户的追求。
- 延伸关系：约时间面谈。
- 心理保障：在此保证，并提出印证。

无售后，不理财

售后，怎样维护和营销老客户

1. 金融产品营销始于售后

对于金融产品销售来说，做售后才是真正营销的开始，理财产品售后服务怎样做呢？流程大致如下所述。

（1）建立客户个人资料

对客户的资金规模、追求的投资目标、投资习性等进行描述，据此有效分析对客户采购决策的影响。**依据客户特性需求全天候更进营销。**具体分析表格如表 3–6 所示。

表 3–6　客户需求特性分析表

项　　目	客户特性	客户需求	客户经验
描述			
对采购决策的影响			

要依据客户特性需求推销，就是要因人而异，面对不同客户运用不同的销售策略与技术：

- 对没有理财观念的客户，要通过沟通加强教育；
- 对于有理财观念的人，要强力鼓舞对方行动。

（2）行员专业度与客户关系

在理财产品的销售过程中，同样少不了银行理财经理的主动、热情、积极的服务，同时，还要给客户以专业的引导、分析和规划，以能尽快取信于客户。

（3）投资组合规划

结合不同产品的投资组合进行差异性价值分析，从客户利益出发，制订合理的规划方案供客户选择，所设计方案要结合客户的实际情况，要能充分激起客户的购买动机。比如：对于寻求安全投资的客户，就可以推荐保本型基金，当投资者在持有该基金到期后，按照期末基金净值计算的可赎回金额加上期间分红总额不低于其投资金额，这里的投资金额包括起初净认购金额加上认购费用。

（4）理财规划销售技术

我们通过一个实际的问题来讲述理财规划的销售技术，当你向客户推荐理财金融产品的时候，如何来设计客户的生涯理财规划呢？我们可从以下几个方面着手。

①资产状况

这是是否向客户推销理财产品的关键，只有对客户的资产状况评估过关，才能进行下一步的销售工作。检视客户的资产状况，主要有三个方面，即通过对客户资产的检视，为客户提供评估建议，看客户能投入的理财资金规模大小。

②目标设定

银行理财经理的另一职能就是要帮助客户确认理财动机和理财目标，

设定一套具体的可计量的目标，目标的内容主要包括：

- 可以动用的资金额度；
- 停损点，即客户能承受的基金指数下跌的最低范围；
- 投入现金量占客户资产的百分比，确定要保留的现金数额；
- 自有资金比例；
- 设定初步的投资报酬率和投资周期。

③风险管控

风险管理是理财金融产品的一大特点，要做好合理的风险管理，银行理财经理须注意以下内容：

- 了解客户的投资个性，确定其风险偏好；
- 了解客户的风险承担能力，也就是客户能承受的最大心理损失；
- 建议采用“三三制”进行投资理财，确保投资组合的平衡合理；
- 避险观念，切记不要把鸡蛋放在同一个篮子里，避免一损俱损。

④策略规划

投资理财的策略规划是针对具体的金融产品制订的，银行理财经理在帮助客户制订策略规划的时候，应遵循以下原则：

- 帮助客户规划战略性的资产分配计划，细分资金用途，便于选取投资组合；
- 依照客户的资金规模和风险承担能力，确定出资金的用途比例，决定如何分配资产，如确定有多少资金可用作银行储蓄，有多少资金可以投资基金，有多少资金可以用于购买理财等；
- 选择投资标的，同时，还要选择理想的投资时机。

⑤投资绩效追踪

当客户选择了产品组合进行投资后，银行理财经理要帮助客户进行投资绩效的追踪，以尽可能提高投资绩效。进行投资绩效的追踪应把握以下几点：

- 必须协助提醒客户做好动态管理；
- 投资绩效管理，帮助客户评估银行或信托公司官网上公告的产品收益情况或说明书的变化情况；
- 依据报表决定该项投资是加码还是减码；
- 量体裁衣，为客户提出一套理想且个人化的理财规划。

⑥理财规划建议

根据客户信息给出的理财规划建议，站在客户的角度考虑，给出切实可行的建议，例如：

- 建议客户保持 M 万元的活期性存款应付日常支出，以备不时之需；
- 债券基金具有低风险和稳定收益的优点，建议客户购买全球型债券基金 N 万元；
- 如果客户的投资意愿非常强烈，建议用 1/10 的资金投入股市；
- 建议客户增购分红型理财，因为当前客户的理财总额不足以应付风险管理。

一个优秀的理财规划必须要结合消费者个人的特点，在实际的设计过程中要充分了解客户的个人信息，以完善理财规划。

2. 老客户的维护和营销

从专业角度来说，银行所指的“老客户”是在网点办理过 3~5 项及以上业务的客户，也就是前面说的产品覆盖率较高的客户，这类客户对银行的黏性也比较高，不会轻易地离开网点，因为客户已经熟悉如何操作我们的手机银行、网上银行等这些电子类渠道类产品，同时也习惯来网点咨询近期的理财产品并选择性购买。通常，“老客户”二字会用于经常来网点办理业务的客户身上，银行理财经理经常见到或服务他们，甚至有些客户的家庭、工作情况理财经理也了如指掌。如果够幸运的话，理财经理还能成为他们生活上的朋友。

前面我们谈到做感情事业，不做利益文章。按理说，跟客户熟络了，是不是营销就更简单了呢？理论上是，但现实中却恰恰相反。我发现银行理财经理们单纯地用情感来维系的“熟悉”，甚至都不好意思开口与这些“老客户”发生产品销售关系，导致服务和营销老客户反而成为理财人员的难题。然而，如果你不主动出击，今天可能是你的老客户，明天可能就变成他行真正的老客户了。

开拓新客前，要优先巩固好老客户的关系。

许多银行将厅堂营销战略定位为“阵地营销”、“开拓潜力客户”、“发掘陌生客户”，有针对性地举办一系列培训和辅导后，执行了一个阶段，发现效果甚微。

留住一个老客户远比发掘一个新客户容易得多。实际上，厅堂营销需要“两手抓”，一方面将开拓新客户纳入到日常工作中去，进行定计划、定时、定量开拓客户；另一方面也要使我们厅堂的“老客户”变成我们业务上真正的老客户，将这些辛苦开拓回来的客户留在网点。现在面临的问题是大家都习惯了与陌生客户打交道，反而无法与老客户开口。因此，当网点急于开拓新客户时，首先要尽可能地把老客户的关系巩固好，营销和服务都要做到位。

一次，网点来了一位中年男士，这位男士家里有两个孩子，一个孩子已经上班，另一个孩子还在上中学。他经常到网点办理业务，是网点的 VIP 客户，银行理财经理和他也非常熟悉。

理财经理从该男士一进门就迎了上去，从嘘寒问暖一直聊到近期投资、孩子升学等问题，双方聊得很投入，可以说无话不谈，相当投机。可是，当我希望理财经理能把网点近期热推的一款产品介绍给她时，理财经理却犯难了。原来理财经理和该客户太熟了，不太好意思做产品营销。

经过劝说和她自己几番激烈的思想斗争之后，理财经理还是鼓起勇气上去进行了一次营销，实现了突破，而这次营销也成了该行一次经典的实战案例。

【案例一】

Part1

银行理财经理：李叔叔，您看看，这个是咱们行比较好的产品。

客户：噢，我看看，原来没听你说过。

理财经理：哈哈，这不现在给您看看嘛！（理财经理开始不好意思）这是零存整取的一种方式，像您可以给小女儿买一份啊，很不错的，从小开始给她存，也很有纪念意义的，也让她从小就有理财的意识，同时还能让她感受到您对她的关爱。

客户：那还挺好的，我本想给她买一份保险呢！这种产品也分期交和趸交吗?

理财经理：您可以每个月存，在您这张卡上定期扣款。

客户：一般都存多少呢?

理财经理：500 元或者 1000 元吧。

客户：什么时候开始存呢，我今天来转账的，到我的号了吧……

理财经理：是的，您先办理业务。

Part 2

客户第二天再次来到网点办理业务，我请理财经理再次上前服务客户并尽量不要提及昨日的产品。

理财经理：今天外边天气这么热，您是步行过来的还是开车来的呢?

客户：是挺热的，不远，我就走着过来的。

理财经理：没有急事多走走对身体还挺好的。小女儿今天谁去送上学了?

客户：她妈妈送去的，反正也都不远。

理财经理：是的，她好像最近又长个儿了呢！前天她和您一起来办业务还跟我比个头呢！

客户：是长了，孩子都长得快！对了，我昨天想办了，后来我办完业务没有看见你，我就先走了。基金定投我想先每个月存3000元吧，如果收益不错，我每个月存1万元。

理财经理：3000元！？我看您可以先存1000元，我一个月才存500元呢。

客户：那太少了，我现在每月开销3万多，要是存几百块我就不买了。

理财经理：哈哈，那好的，您随我到理财室，我们为您先做一个风险评估测试。

客户：好的。

这位理财经理在这次实战训练中是收获最大的，不仅仅收获了效绩，更多的还是收获了日常工作中逐渐建立起来的自信和实战经验。在后来的夕会和销售会议中，她反复强调最多的一句话是"原来这么简单，比我想象的简单多了！"并且在每次讲述到客户当时嫌弃买的太少时，都觉得可笑而又不可思议。

在理财经理与客户的沟通中，我们能够发现理财经理与客户非常熟悉，了解客户的家庭成员情况，并且在介绍产品上也有一些独到的优势。现在许多行员有时候缺少的不是各种各样的营销技巧，而是缺少一种面对老客户的营销勇气。当你将营销完全变成了营销，那么必将是失败的，因为客户感受到的是冷冰冰的产品。如果你将营销和服务以及生活上、工作上的关心巧妙地融合在一起时，你就会发现营销的过程会变得十分的顺利，这就是为什么我在第二天请理财经理再上前营销时尽量不要提及产品的原因。

这位理财经理有非常好的亲和力，日常维护这些老客户都非常周到，既热情又贴心，如果能掌握一些专业的理财知识和营销技巧，那就更加如虎添翼了。在案例中，由于这位客户每日都会来网点办理业务，所以理财经理就此判定他是网点的忠实客户，但实际上客户的存款随时可能因为他行提供的“最好”的产品所移动，因此，银行理财经理也必须学习如何来经营你的老客户，先赢得今天的客户再去开拓明天的客户。

那么，如何才能维护好老客户呢？一般地，维护老客户着重要关注以下四个关键点。

（1）保持积极的心态

失败者和成功者之间唯一的差别就是心态不同，积极的心态就是相信自己，享受工作。当你抱着积极的心态去面对客户，客户就会感受到你强大的气场。自信和勇气是理财经理营销老客户成功的第一步。

（2）建立利益

这里所说的建立利益并不是相互获取金钱往来的利益，而是我们给客户先带来利益的关系。建立这种利益关系的前提是给自己“三个角色定位”，即我们是客户的顾问、我们是客户的朋友、我们是客户的问题终结者。当理财经理将自己定位好了后，就会融入这个角色中去，给予客户最大的利益。这里要特别强调的是，辛苦建立起来的熟悉关系，并不是一到业绩指标需要冲刺时你就皱着眉毛去找客户求助，而是让客户知道购买这款产品到底会获得怎样的收益。这就又回到了“三个角色定位”的意义上来了，顾问、朋友、问题的终结者都是来为客户提供帮助的，虽然达到的目的是一样的，对于长期来维护老客户你的营销过程是十分重要的。

另外需要注意的一点，在沟通中应当适时提及你所知道客户的一些信息帮助他们来选择适合的产品，会使客户感受到你是因为了解他的情况才将这款产品推荐给他，这将是你推进营销进程的最佳利器。

【案例二】

理财经理：这种信用卡你可以考虑办一张。

客户：我信用卡已经很多了，你之前不都看到了吗？

理财经理：是的，我知道。但是你说你现在经常用 ×× 护肤套装，用这个信用卡可以在商场里打 8 折呢！而且你还是敏感皮肤，就别来回换牌子了。正好这个能打折，我一直帮您留意着呢。

客户：真的呀？那太好了！我办一张。

理财经理：让你姐姐也过来办一张吧，上次她还问我有没有打折卡呢！明天下午如果她过来，我帮她办。

客户：好的，谢啦！

从这个案例中，我们就能清晰地发现银行理财经理在整个与客户沟通中提及的三次有关客户的信息，并能将这些信息适时地运用在营销中。客户就能够感受到理财经理确实非常在意她所说的话，她习惯用的产品、她的肤质甚至是她家人的情况。这样一方面提高了营销的成功概率，另一方面也使客户感受到亲切感与安全感。在老客户营销过程中，最大的优势就是我们已知的信息，如何将这些已知的信息柔和地转变成你最好的话术，这就要考验理财经理平时的信息积累了。

（3）长期跟踪

销售成功永远只是第一步，最重要的是如何做好第二步，为下一次营销做好铺垫。保持长期与客户联络，尤其是熟悉的客户，客户购买产品后最需要的就是售后服务。售后服务的好坏直接关系着下一次营销的成败，以往很多理财经理会顾虑到自己的专业性不能够满足客户的后续需求，实际上客户不一定需要非常专业的指导，客户更在意的是你是否关注他，是否在他购买完产品后享受你一如既往的服务。如果暂时还不是一位专业的指导者，那么就当一位倾听者吧，将客户的疑问记录下来，再请银行理财经理电话回访或面访，这样一方面能够提升客户的满意度，另一方面也增加了服务客户的机会。

还需要注意的是，在给你熟悉的客户推荐产品时，如果因为许多原因最终没有成功，未来的一段时间里将会是你与这位客户重要的时期，客户也会觉得他没有购买产品而对你“负疚”，理财经理过多地关注或者放弃的态度都会使客户对你甚至对银行渐行渐远，这时你所要做的还是一如既往地服务好客户，失去一次机会不可怕，可怕的是不再有机会。

（4）不碰底线

千万别以为和客户熟悉了之后就可以肆无忌惮地去触碰客户的隐私，当你了解到更多的信息时，可能这反而是一把双刃剑，一面是你更贴近客户的武器，另一面是斩断你与客户关系的利刃。

有一位理财经理将经验总结成“三不”原则：“不提及、不议论、不批判”。也就是说，首先，理财经理在与客户沟通时不要去触碰客户的隐私，因为有些隐私一旦触碰是无法收回的。其次，不要议论客户的事情，你的观点有时候不一定能够切合客户的想法反而给客户留下了不良的印象。最后，不要去批判任何关于客户的事情，尽管你发现客户在言语表达上对某些人不满，也请保持中立的态度。客户对你对银行的考验是无处不在的，理财经理在厅堂的一言一行时时刻刻都不要忘记代表的是银行。

我们经常会对陌生的客户非常客气，而忽略了身边熟悉和亲近的客户，这些客户成了我们身边最熟悉的陌生人。当你开始了一天的工作时，让自己始终保持热忱的态度，首先赢得今天的客户，再去开拓明天的客户。

①老客户的日常沟通维系

当处在一些重要节日、客户生日、客户重要纪念日，或者了解到客户感兴趣的非金融类信息（餐饮、娱乐等）以及其他与客户的共同话题（宠物、子女教育等）的时候，我们除了一些定期对客户的主动问候之外，其他重要日期应主动在系统中进行记录，每日自动获得相关提醒；同时，在我们日常与客户的交流中，应主动挖掘客户喜好，寻找多沟通的机会。

特别需注意的是：客户经理要特别注意对不太熟悉的客户信息的挖掘，做好情感维护，而不仅仅集中在个别熟悉客户身上；节日、生日或重大纪念日维护要事先确认客户是否接受这类问候，以及愿意接受问候的方式；问候要注意个性化，不能给贵宾客户一种被群发祝福的感受。除此之外，我们还可与客户有一些定期 / 不定期的小型客户意见调查与反馈，如网点可定期或不定期进行客户调查，可配合客户开户一同请客户填写；或网点可每季度或半年针对部分贵宾客户进行满意度调查，征求客户意见与建议。整理后上报给上级相关部门；同时，对于客户的意见与问题也要在调查完成后一段时间内给予客户反馈。

②售后要跟上

具体如表 3–7 所示。

表 3–7 售后要跟上的内容、方式及注意事项

内 容	方 式	注意事项
• 账户到期提醒（存款到期、信用卡还款、贷款到期、逾期等） • 账户收益提醒 • 账户异动提醒（基金净值异动、分红等） • 账户止盈止损提醒	• PCRM 系统会对客户账户到期情况进行提醒，客户经理应及时予以处理 • 短信或邮件提醒客户账户的相关情况，并给出下一步相关建议 • 对于比较重要或者突发的账户变动，应及时电话告知客户，并协助客户及时做出调整 • 对于贵宾客户，要注意对其提供个性化的理财秘书式服务 • 客户购买产品的变动提醒	• 客户经理在售后跟踪过程中，当客户出现亏损时，应理性地提醒客户，盈亏乃投资常态，并随即与其诚挚沟通，进一步协助其认识产品或组合的内涵，提供积极有效的投资理财产品或组合调整建议，与客户建立互动、信任的关系 • 应与客户事先约定可接受的最佳提示方式和合适的提示时间 • 到期提醒是再次销售及降低风险的绝佳机会，须注意把握 • 如了解客户在他行产品到期时间，也需进行记录，到期提醒客户，进行替代产品销售，争取客户资产转移
• 客户已购产品的相关市场信息和服务信息 • 客户感兴趣的其他产品和资讯信息	• 短信或邮件的方式给客户 • 对于可能影响贵宾客户特别是核心贵宾客户产品选择的重要信息，客户经理应及时电话通知客户	• 要事先请客户选择感兴趣的内容，以及其可以接受的方式和频率，以免让客户感到被打扰

③活动拉近距离

具体如表 3–8 所示。

表 3–8　活动拉近距离的内容、方式及注意事项

<table>
<tr><th>内　容</th><th>方　式</th><th>注意事项</th></tr>
<tr><td>•沙龙（财经、投资、美容、鉴赏等）
•宴会、酒会
•短途旅行团</td><td rowspan="2">•电话、信函邀约客户参加各类活动，并做好准备、现场安排与后续跟踪</td><td>举办此类活动的原则：
•活动的主题要有吸引力，要找到目标客户的关注点
•活动的气氛、规模、水平要符合贵宾客户的需求层次和社会地位。例如邀请的主讲人要有一定声望，联台主办的机构要有规模和知名度，等等</td></tr>
<tr><td>•理财知识类讲座
•行情分析类讲座</td><td>举办此类讲座的原则：
•讲座的主题要有吸引力，要找到目标客户的关注点
•理财知识类讲座要教授客户专业的理财知识，以加深客户对我行理财服务的理解
•行情分析类讲座，要结合当前大势，但不要有非常明显、具体的倾向性
•活动讲座的气氛、规模、水平要符合贵宾客户的思想层次和社会地位。特别是邀请的主人要有一定声望，比较权威，等等</td></tr>
</table>

事实上，所有成功的理财经理五年后成交的客户 80% 是老客户。10 年之后百分百成交的是老客户。所以，我们要珍惜身边的存量客户！拥有老客户，是一生的财富。

典型客户销售技巧：

- 对重视家庭责任的客户——考虑全面的利益，推销尽可能高的保单金额，以满足客户的安全心理。
- 对不重视家庭责任的客户——先树立其保险观念，购买基本保险产品，再逐步扩大保单金额。
- 对想兼顾保险与投资的客户——推销生死型的保险产品。
- 对想保险而不投资的客户——推销生死型的保险产品。
- 对保费敏感的客户——推销保费少的产品。
- 对保费可回收感兴趣的客户——推销红利型的产品。

售后，高端客户的维护和营销

1. 吃大户的营销技巧——捆绑式营销

在大客户营销中，银行理财经理首先要让客户了解自己的专业水准以及服务的热忱，同大客户往来的银行肯定不止一家，只是有主要银行和次要银行之分。这时渗透进去，去同其他银行竞争，就一定要表现出我行产品的差异化优势，通过你的积极、热情、诚意及专业帮客户解决问题，为他做专案设计，这就是让他可以接受你这个银行理财经理很重要的销售技巧。

那如何具体地进行营销呢？首先银行理财经理应该对自己的客户非常了解，告诉他你所销售的产品特色，特别是那些涉及他个人利益的特点要着重介绍，然后再辅以成功的案例佐证。当他产生兴趣时，你应趁热打铁，重点介绍有优势的产品组合，突出该产品的优点，要让客户明显感觉到与其他行产品的比较优势。在此基础上，给出如选取你的产品组合将会为他带来怎样的利益的分析结果，从而促成合作。

在面对大客户时，银行理财经理的态度要不卑不亢。因为大客户一般是众多银行争夺的客户，可能会很挑剔银行理财经理的职业生涯或资历，此时你一定要满怀信心来应对。然后，提出你最擅长的专业，让他信服。接下来你就要以服务取胜，再以领先行业的拳头产品吸引客户。

通过沟通去发掘客户现在的财务状况、银行往来状况，他需要哪些产品，还有哪些银行在提供类似产品。在与大客户打交道时要特别注意产品的捆绑营销，比如客户是贸易商，要出口商品，需要资金周转，如果其他银行提供的资金额度不够，那你刚好就可以将这个缺口补上。同时，还要了解整个行业大环境的景气性分析，这主要是看国家的政策，是银根紧缩还是放松等。此外，大客户通常掌控着企业，因此还要考察客户所处的产业状况，他的产品的市场需求、生产产能、获利能力等，形成大致的评估结果，为今后据此营销其他的银行产品做准备。

在日常营销中，理财经理有很多机会与高端客户面对面深入交流，为高端客户提供顾问式销售服务和理财策划、咨询服务，一站式满足优质客户综合金融需求，从而与优质客户建立长期合作关系。

营销高端客户要做好充分的前期准备。

（1）营销前准备工作要点

①明确接触营销对象。

从事非投资理财、企业经营类职业的优质客户；一段时间内（例如一个月内）没有联系过的个人优质客户；根据银行内部系统信息，发现客户大额理财产品近期到期的优质客户；以往接触营销成功率较高（例如成功率达到95%以上）的优质客户；近期重点营销产品的适销对象。

②对客户的信息、金融偏好与可挖掘金融需求认真研究分析。

③确定接触营销目标，掌握相关产品服务内容。

④会面环境与材料准备。

务必事先将办公室、办公桌整理干净，为客户准备好座位（有的客户可能是夫妇一起来）以及相应的所需物品，包括：相关产品宣传资料、相关协议和表格文本、客户经理名片、客户上次交办事宜时的遗忘物品等。在客户到达前，应清理好上一个优质客户洽谈留下的资料、物品以及其他各种无关物品，不得泄露任何优质客户信息和银行内部资料，增加客户的私密感和安全感。

（2）归类客户，不打无准备之仗

①对预约见面的优质客户

银行理财经理借助银行内部系统，发现预约机会，成功预约后，通过借助银行内部系统，对客户资产结构、行为特征和风险偏好进行分析，做好预约见面准备。在与预约客户见面前，应整理好前一位客户所有材料，并准备好预约客户的准备材料。

②对后续跟进成功、接受预约的待跟进优质客户

银行理财经理根据优质客户档案中的相关记录、各类外部营销人员

提供和现有优质客户推荐时提供的优质客户信息，通过恰当的方式多次联系客户并成功邀请客户会面后，应在现有客户信息分析和接触营销经验判断基础上，对优质客户的投资行为特征、潜在金融需求做出预测。

③对自行前往见面的优质客户

如果手头不忙，银行理财经理应主动清理桌面的工作资料，上前迎接客户，请客户落座后，在不影响与客户交谈的情况下，为个性化理财服务提供客户信息支持。如果手头正忙，应及时联系大堂经理，解释、引导并欢迎客户接受 B 角理财经理等人员的服务。

④对理财中心识别引导前来会面的待跟进优质客户

银行理财经理应迅速清理桌面上其他工作材料后，前往迎接客户。同时，通过大堂经理简单介绍和自己的观察，尽可能掌握较多的客户信息，同时记录相关信息。

高端客户管理，用行业内专有名词叫作“私人银行”或“准私人银行”客户管理，是财富管理的最高体现。有人说，没有高端客户参与的理财不是真正的理财，说得很切中要害。

私人银行业务的客户营销是私人银行业务持续发展的关键。当前，银行业竞争已经完全市场化，银行间的竞争也已经超越技术和资本层面，营销已经成为银行的核心要素之一。作为在国内起步较晚的私人银行业务领域的竞争也日益加剧，客户的需求日益多样化。如何适应日益激烈的私人银行业务竞争，客户营销、市场营销在私人银行业务经营活动中无疑将发挥越来越重要的作用。现在我们主要从捆绑营销的角度阐述如何维护普通及私人银行级客户关系。

想要在激烈的同行业竞争中赢得主动，既离不开五花八门的炫目技巧吸引新客户，也少不得通过提供差异化、多元化服务增强客户黏性。在销售领域，有一个著名的概念——“微笑的‘5’”，即当客户享有你的五种以上类别的服务或购买了你的 5 种以上不同产品后，在你们会面时，他一定先于你露出微笑，说得极端一点，就算你冷脸相对，他也会笑脸相迎。虽是玩笑，但确实点出了捆绑式销售在维护客户关系中不可替代的重要地位。

4S店是一种以“四位一体”为核心的汽车特许经营模式，包括整车销售（Sale）、零配件（Sparepart）、售后服务（Service）、信息反馈（Survey）等。作为个性突出的有形市场，具有渠道一致性和统一的文化理念，4S店在提升汽车品牌、汽车生产企业形象上有很大优势，一家汽车4S店，就是一个捆绑营销的范本，整车与零部件、售后服务的互补构成了其捆绑营销的全部。事实上，我们把以挖掘客户个体的互补性需求为主的交叉营销或综合性营销都称为捆绑式营销。随着银行产品越来越多，客户也有互补的需求，这就需要银行提供互补性的产品。也就是把各种各样的产品捆绑在一起销售给客户，其重点是挖掘客户个体的交叉互补性需求。在组织上，就是一定要把几种产品的销售流程重合在一个点上。比如，发放住房按揭贷款的同时给客户提供按揭贷款保险，以进行交叉销售等。私人银行服务的很多产品也都需要这样的交叉营销。

（3）捆绑销售的形式

目前，私人银行的捆绑销售形式主要有以下几种。

①优惠使用，客户选择使用产品甲时，可以用比单独使用优惠的价格使用到产品乙。

②统一价销售，金融产品甲和产品乙不单独标价，按照捆绑后的统一价销售。

③打包销售，金融产品甲和产品乙放在一起统一打包出售。

（4）捆绑销售的优势

捆绑销售为什么成为一种流行的营销策略呢？因为它具有以下几类特别的优势。

①捆绑销售可以降低销售成本。通过产品组合效应提高营销效率降低销售成本；通过共享销售队伍来降低营销成本。

②服务层次的提高。通过与其他银行或同银行其他部门共享销售队

伍、分销渠道，使客户能够更方便地使用银行产品，得到更好的金融服务，提高产品的差异性，增强客户的忠诚度。

③捆绑销售可以达到品牌形象的相互提升。新开发的金融产品可以和成熟的品牌产品捆绑，提高银行产品和品牌在客户心中的知名度和美誉度，从而提升银行的整体形象和品牌形象。强势银行和弱势银行也可以互相借助对方银行的核心优势互补，使得自己的产品和服务更加完美，客户满意度进一步增强，品牌形象也更优化。

④增强银行抗风险能力。通过银行间的分工协作，优势互补，形成强大的虚拟组织，提高银行抗冲击的稳定性。以虚拟的组织模式变“零散弱小的船只”为强大的“航空母舰”。

（5）具体实施策略

捆绑销售的成功还依赖于正确捆绑策略的制订。那么，私人银行怎样制订其策略呢?

①确定合适的捆绑产品。选择那些互补性较强的产品，在某些情况下，也可以选择彼此独立的产品，但不能是彼此竞争的替代性产品。

②恰当的时机是成功的前提。一般来说，处于快速成长和产品畅销的市场形势中，银行产品实现成交相对容易，完全可以搭配营销渠道开发中、产品品牌树立中的新产品销售，“以老带新、新又新”的方式打开产品销路，实现共赢；在跨部门、跨银行的捆绑营销中，只有当捆绑共同体的形成有利于达到增强竞争力，适应多变的市场环境、激烈的行业竞争，才适合采取捆绑营销模式。

③考察捆绑双方或各方核心优势和资源。需要特别注意的是，只有那些产品开发、使用、管理、营销、服务等方面拥有核心优势的部门或银行，才适合成为联合对象。而且，各方的产品和服务互补性共享优势越强，与之结成捆绑关系的利益就越大。比如，A 银行有丰富的对私存款客户资源，为了扩大中间业务收入，提升利润率，选择与该行信用卡中心战略合作，由信用卡中心为 A 银行所有资产客户按资产规模配发信

用卡并依据资产规模的大小直接确定信用卡额度，且持卡客户均可享受指定商场购物打折、周二指定餐厅美食半价、全市影院观影半价、高尔夫球场贵宾待遇、机场贵宾通道等增值服务，更重要的是资产客户所持有信用卡免年费、刷卡积分按两倍折算。消息一出，大多数在A银行有存款的中青年客户奔走相告，涌入A银行各网点申领信用卡。由于额度事先已经确定，只需本人携带身份证简单填写信息便可从柜台实时领卡，在短短一周内，A银行信用卡刷卡量已经超过上年全年，库存信用卡多次告罄。

④估计捆绑销售方案的成本和收益。捆绑联合需要付出额外的成本费用，同时，可以增加比单独销售要高的额外收益。显然，只有在额外的收益大于额外的成本时，捆绑销售方案才是可行的。

⑤重视合作银行的诚意和信誉。合作伙伴的诚意和信誉是捆绑销售容易忽视但却是非常重要的一个方面。良好的银行信誉和真心实意的合作能弥补某些方面的不足，而彼此欺诈则使得捆绑各方一起受到损失。

通过以上分析发现，捆绑营销无论是在客户开拓和维护还是银行战略发展上都是非常值得尝试的营销策略，私人银行的高端客户的维护也不例外，不管是产品的研发和制定，高净值客户的需求和服务，捆绑营销的特点都能高效地发挥出来，下面Z银行的服务案例就是一个高端客户捆绑营销及差异化服务的优秀案例。

$ $ $【宗师讲营销】

“伙伴一生”金融计划服务案例

几年前，Z银行捆绑营销推出了“伙伴一生”金融计划。不久后，在Z银行全国400多个营业网点可以看到海报和宣传单页，网站广告、户外路牌、报纸广告也紧跟推出。具体来说，“伙伴一生”金融计划有如下几个特点。

1. **关注客户一生的伙伴**

"伙伴一生"金融计划是Z银行秉承"因您而变"理念、关爱客户而进行的一大变革。它为处于人生不同阶段的客户，量身定制产品和服务，体现了对客户一生的关心、帮助和爱护。

2. **细分客户，合理规划**

如何细分客户？根据客户群踏入工作后的生活形态特点不同，Z银行将客户分为以下五个阶段：初涉社会阶段、成家立业阶段、养儿育女阶段、事业有成阶段、安享晚年阶段。

那么，如何给客户群一个直观的命名呢，经过多次的创意和讨论，Z银行将各个阶段客户群分为炫彩人生、浪漫人生、和美人生、丰硕人生和悠然人生。这一组命名非常直观。

3. **整合产品，个性服务**

在"伙伴一生"金融计划中，Z银行将现有零售银行业务进行有机整合，具有非常强的针对性和适用性。考虑到人生不同阶段其生活形态有所差别，理财需求、投资风格会有明显的不同，考虑到人生不同阶段其生活形态有所差别，理财需求、投资风格会有明显的不同，因此所需要的金融产品和服务是不同的，服务渠道也有所区别，当然在提供产品服务的时候也要注重捆绑营销的作用。与此同时，从客户最开始的初涉社会到晚年退休等5个阶段，银行都非常关注他们，陪伴着他们成长，始终为把他们发展成私人银行级的客户做准备。

对于刚刚踏入社会参加工作的客户群（处于炫彩人生阶段）来说，他们一般为18~25岁未婚的年轻人。群体特征表现为年轻、有活力、对新生事物有强烈的兴趣，追求时尚，对自己和未来充满信心，喜欢交结朋友，经济收入比较低，但花销大。他们的投资风格是风险承受能力较低，投资活动较少。理财需求以转账、汇款需求较多，对刷卡购物的方式比较接受。针对这一阶段的人群，Z银行"伙伴一生"金融计划为他们推出居家服务、储蓄、融资方面分别提供刷卡消费、网上支付、自助缴费、网上转账汇款、定期定额、教育学资贷款、信用卡循环授信等服务，以及 15 万安心无忧健康及保障计划、5 万的安享人生两全保险（分红型）自选保障计划，还特别倾情奉献个性化产品及增值服务——QQ 一卡通。在服务渠道方面，针对年轻人容易接受新鲜事物的特点，鼓励他们使用电话银行、手机银行、网上银行、自助银行这些更方便的服务渠道。

对于事业上小有成就、成家立业阶段的客户群（处于浪漫人生阶段）来说，他们一般为 23~30 岁，正处于谈婚论嫁，经济收入增加而且生活稳定，乐观自信、积极向上，为提高生活质量往往需要较大的家庭建设支出阶段，如购买一些较高档的用品、贷款买房。有一定风险承受能力，更加注重投资收益，以温和进取型投资风格为主。Z 银行“伙伴一生”金融计划为他们推出了个人住房按揭贷款、个人汽车消费贷款、信用卡循环授信、信用卡免息分期付款、信用卡调高临时额度、预借现金等融资业务，为便于他们投资，提供了银证通、开放式基金等产品，以及个性化电子银行服务。

而对于养儿育女阶段的客户群（处于和美人生阶段）来说，他们一般为 28~40 岁的三口之家。群体特征表现正是家庭和社会的中流砥柱，经济上渐具实力，逐渐成为中高层管理人员，处于家庭成长期，孩子是家庭的中心，一切都以孩子优先考虑，重视成长教育和文化环境，培养孩子是家庭的一项重要支出，着手准备子女教育、投资增值计划，他们以进取型投资风格为主，投资品种多样化。

针对这一阶段的人群，Z 银行“伙伴一生”金融计划为他们在特色储蓄、居家服务、融资业务、投资业务方面分别提供教育储蓄、结汇 / 购汇、境外汇款、通知存款、自助缴费、代理扣款、教育学资贷款、住房循环授信、个人汽车消费贷款、自助贷款、信用卡循环授信、开放式基金、外汇买卖、银证通、本外币理财计划等服务，以及“一张保单保全家”的 10 万安享人生两全保险（分红型）自选保障计划，还特别倾情奉献个性化产品及增值服务——留学金融服务套餐。

而对于事业有成阶段的客户群（处于丰硕人生阶段）来说，他们一般为38~55岁中老年人士，子女已成年自立，有了自己的生活空间，处于家庭成熟期。自身的工作能力、工作经验、经济状况都达到高峰状态，成为中高层，事业达到高峰，生活压力逐渐减轻，开始为退休生活和保持健康做准备。他们的投资风格更加注重投资风险，以均衡型投资风格为主。

针对这一阶段的人群，Z银行“伙伴一生”金融计划除了为他们特别推出特色储蓄、居家服务、融资业务、投资业务等针对性的服务外，还面向高端客户专门推出白金品质的尊贵服务，包括“一对一”的理财顾问、优越专属的理财空间、丰富及时的理财资讯，以及最高等级的全国漫游服务：快易理财服务、贵宾登机服务、星级酒店预订和VIP服务、远程医疗紧急救援服务、预订机票、VIP服务、天气交通咨询服务、免费临时保管箱服务、应急取款、紧急挂失、免费手机短信或E-mail理财秘书通知服务等。

对于安享晚年阶段的客户群（处于悠然人生阶段）来说，他们一般为55岁以上的老年人士，他们希望过得悠闲而丰衣足食、身体健康，享受生活乐趣……针对这一阶段的人群，Z银行“伙伴一生”金融计划为他们推出存折、存单、汇入汇款等服务，以凭证式国债、开放式基金、本外币理财计划等稳健性的投资方式，让他们在兼顾安全性的同时，使财富跟随资本市场趋势获得稳健增长。另外，量身定制10万的放心理财（万能型）自选保障计划，还提供了个性化产品及增值服务——医疗健康计划，保障客户晚年生活。

总体来说，“伙伴一生”金融计划为人生不同阶段的客户群提供了有针对性、差异化同时注重捆绑营销的产品和服务。这种准私人银行级客户的差异化管理，体现了因您而变的理念，更好地为普通客户、贵宾客户以及私人银行级客户提供了高质量的服务，从而提高了客户的满意度。

2. 我国高端客户理财市场发展现状

私人银行与财富管理的界定线不是简单由委托资产的门槛来划分，二者的区分不仅在于金额的大小，最重要的在于银行给予客户的服务和质量。从国外的经验来看，理财产品的设计和被接纳的过程都是由高端客户开始、中端客户蔓延到低端客户全部接受的一个过程。在实践中也有“一个大户忙一点，一群小户忙一年”的说法，高端客户在降低银行服务成本、提升资源配置效率、提升银行利润率上的优势是巨大的，理财产品的普及也是从高端到大众客户的过程。高端客户需要有更大的风险承受能力，私人银行客户经理则需要通过特别的资产配置方案来帮助他们投资。通过以下几个方面，我们可以很清楚地看到私人银行作为财富管理的“宝塔顶层”的特点与优势。

（1）富裕阶层的壮大为私人银行业务开路

随着经济快速发展，国内拥有千万金融资产的家庭数量得到了快速增长，做银行才知道原来身边富人这么多！改革开放先富一部分人的构想看来已经充分实现了。随之而来的是不断增长的高层次金融需求，由专业人士代为打理个人财富的理财观念开始渐入人心，个人资产的激增对银行个人金融服务提出新需求的同时，也孕育了巨大的市场空间。

（2）国内财富管理业务主要集中在中端领域

广义财富管理的内容渗透到了生活的方方面面，会高度体现出客户的个性化要求，因此，财富管理服务的模式和特色不是整齐划一的，这样，它就对业界产生了现实的影响。依据现有资料，目前高端财富管理的行业格局呈现出服务分工、产品分化的格局。一方面，是业界对咨询中介业务和财富管理具体业务操作的选择。不同的选择侧重会促使服务提供者采取不同的经营理念与经营模式。另一方面，就财富管理具体业务而言，不同类型的服务提供商可以从自己具备优势的领域出发，提供具有自身特色的财富管理服务，也可以通过开放的产品架构提供有侧重点的全面财富管理服务。

具体到我国来看，目前国内高端客户是各大银行将来争取和发展的重点，尽管目前业务还主要发生在财富管理的中端领域。

当前，国内银行的财富管理走的是从低端往高端发展的道路。一方面，没有成熟的模式、成功的先例、有号召力的品牌，也没有财富管理进一步发展到私人银行业务的经验；另一方面，国内银行对私条线有着坚实的零售客户基础，对国内客户的习惯、偏好有着更为深入的了解。

而且从横向比较来看，国内财富管理的产品与外资同行存在着较大的差距，是综合竞争力差距的体现。不过，对于国内银行而言，改善竞争态势的着眼点更应该放到财富管理理念、流程、基础设施、支持系统上，通过为客户提供接触银行全部服务的入口，发挥不同业务线的资源效率。

令人欣慰的是，国内银行将在业务竞争中发展和壮大起来，但财富管理业务的重心依然在中端领域，照此趋势，未来即便是打开了高端市场，中低端市场也依然重要。为了充分发挥资源效率，银行将针对高端市场的金融产品以适当的形式对中低端客户开放，比如说，进行标准化处理，以批发的形式面向零售客户；此类做法在实践中已经发挥了很大作用，例如，《商业银行个人理财业务管理暂行办法》把银行的理财门槛直接设定在 5 万元，银行与基金进行合作，便可以让低端客户轻松迈过这一门槛，享受理财服务。

（3）从业人员标准

①从事财富管理业务的人员是理财师

近年来，国内家庭收入不断提高，越来越多的人具备个人投资的经济实力，再加上金融、房地产等市场的发展和教育储蓄、养老保险、债务管理等实际需求的变化，使得更多的人有了解金融服务手段和投资理财方式的需求。而大多数人对国家政策、投资产品和投资方法的认识还很模糊，所以答疑解惑成了目前国内理财师工作的首要职责，专业理财师要为投资者解释相应的政策、分析相关金融产品和投资方式。

目前，理财师为客户量身定制的个人理财策划是一种综合的金融服务，由专业的个人理财师进行策划，通过分析和评估客户的财务状况，和客户共同确定理财目标体系，最终帮助客户制定出合理的和可操作的理财方案。它不局限于向客户提供某种单一的金融产品，而是针对客户的综合需求进行有针对性的金融服务组合。同时，个人理财策划是针对客户一生或者某个阶段的策划，包括个人、家庭生命周期各个阶段的资产、负债分析，现金流量预算和管理，个人风险管理与保险策划，投资目标确立与实现，职业生涯策划，子女养育及教育策划，退休计划，个人税务筹划及遗产策划等各个方面。

提供投资、税务、养老等各方面的综合理财服务是专业理财师的专职。理财师在尊重投资者意愿并尽可能避免风险的前提下，根据客户的实际情况，经过专业、细致、严谨的研究和分析，制订出令投资者满意并符合实际情况的投资组合方案，并根据经济的发展、社会的变化和监控方案的实施不断地修改方案，以实现投资者对于投资收益、税务安排和养老计划的需求。这种综合理财服务对理财师的素质要求很高，不仅需要了解银行、证券、基金、保险、房产等全方位的投资理财知识，而且还要有能力分析经济环境、解读市场信息，并有相应的实战经验和人生经历。

理财服务是一种顾问式的销售，具体向客户提供服务的理财师也必然有着双重身份。作为客户的理财顾问，他需要为客户制订理财计划、向客户介绍金融产品和服务、提供市场信息、提供其他服务。而作为银行的销售终端，他需要完成银行的销售任务、了解客户的反馈信息、向银行提供改进的建议、体现本银行的专业水准、维持客户关系，并且发展更多的客户。

②从事私人银行业务的人员是私人银行家

私人银行家这一特殊的群体起源于17世纪初伦敦的一些金匠，他们通过私人独资或合伙投资经营的非股份公司形式的银行来开展业务。几个世纪以来，私人银行通常都是权贵豪富财富的“安乐窝”。私人银行家帮助客户管理庞大的资产以外，还提供并购案的建议及标的，甚至还提供收藏鉴定，代表客户到拍卖场所竞标古董等。

虽然私人银行与财富管理的从业业务人员都要求具有一定的专业知识与管理才能，但从事私人银行业务必须要具有更高的业务水平和更丰富的管理经验。在国外，私人银行要求从业人员拥有良好的教育背景和社会背景，因此大多数海外私人银行客户经理都来自社会上流阶层。在年龄层次方面，国外私人银行的客户经理基本上都在 40 岁以上，因为要有一定的阅历。

现有资料显示，私人银行客户经理的选择条件非常苛刻。此前国内一些国有大行的私人银行开业之前，曾在国内招聘私人银行理财顾问，条件至少是具备 10 年左右的个人理财经验，他们需要随时根据客户的年龄、职业、资产、目标和风险偏好制订投资建议。一般都为跨国银行的分行经理，掌握大量客户资源。“十余年金融从业经验”、“曾在多家金融机构服务”、“毕业于英美名校”……在各大银行提供的私人银行理财团队简历上，每一位产品研发人员都具备相当耀眼的资历。

除去资历够格之外，私人银行的客户经理还需要十八般武艺样样精通。一个好的私人银行理财经理，必须精通多个领域，从宏观经济、股票期货，到房地产汽车、雪茄洋酒，甚至彩票等。

私人银行理财经理是理财经理中的“战斗机”，其高端性从工作时间安排上可见一斑。一个私人银行客户经理通常会花费 40%~45% 的时间进行与旧客户的联系及新客户的开发，通过沟通挖掘并创造客户的需要。另需要 30%~35% 的时间进行研究分析市场，除了全球股票市场，还包括外汇市场与债券市场等。针对市场趋势的变化，引导出最佳资产组合所应具备的产品，并对其进行深入地了解。另外，私人银行理财经理还会花费 20%~25% 的时间透过内部或外部资源来不断提高解决问题的能力，私人银行理财经理必须使自己能够随时应对客户提出的问题。因为，在与高端客户沟通时，一问三不知，就很容易失去客户的信赖。

第四章
理财经理五宗“最”

成功理财经理的基本条件

一个成功理财银行经理具备很多的条件，要有感染力、有说服力，所以，要成为一个优秀的，你的言行举止必须能够主动、积极、热诚、开放，身体的每一个部分都能够散发出个人的魅力，体现出专业的销售技巧。

- 头部的天线——用来接受外界不断变化的信息。
- 头——用来思考，将接受的信息转化为有用的知识，如能够计算成本。
- 眼睛——要有神，能够鼓舞客户，还要有透视力，通过对方的穿着、谈吐、动作，乃至体态语言能看到对方心里在想什么，以瓦解对方的警戒心，让对方放松，再开始推销。
- 嘴巴——要会微笑，要善于询问对方，是口才高手和沟通高手。
- 耳朵——倾听时不要带成见，要善于倾听对方的想法，理解对方的立场。
- 脖子——要柔软点，显得有礼貌，善于和对方合作。
- 肩膀——要向客户负责，能担当，有诚信，不欺骗客户。
- 领带——仪表的象征，男士要像绅士，女士要像淑女。
- 心——要有真心、热心、诚心和耐心。
- 公文包——推销的产品和附带的服务，要有丰富的资料支撑自己的营销。
- 脚——要勤快，行动快速、果敢。

最全面的角色

作为银行理财经理，以下的素质和能力是我们追求的并努力要达到的。

- 思想家，你必须在观念上领先客户，用观念来指导客户。
- 教育家，要能够引导客户的动机，指导客户的行为。
- 宣传家，要对自己推销的产品有信心，要培养推销自己和产品的勇气和习惯。
- 沟通高手，销售是个互动的过程，也是一个冲突的消解过程，你要有能力去说服客户，取得他对你和产品的认可甚至赞同，直至购买行为发生。

但需要知道的是，并不是每一次营销都会以胜利收尾，一旦碰到“钉子”，遇到麻烦，切忌气急败坏，更不能向客户强行推销。要给自己及时的正面暗示，不要听到客户负面的挑衅或是抱怨，就立刻丧失信心。其实，客户的抱怨和拒绝是正常的，总是会有挑剔的客户，会高度要求甚至于过度要求，这时，你要能够接受和包容他，然后设法把问题解决掉。

遇到这样的情况，你一定要想：为客户提供更好的服务是我的责任，客户需要价廉物美的产品，这是人之常情，作为销售人员，应当设法让客户理解我们产品贵的道理。用这样的态度加上耐心慢慢来与客户合作。然后，不断暗示自己：当自己再多体谅客户一点儿，我的销售技术完全发挥之后，他就会接受我了，而且我相信他会接受。这样，你就不会产生排斥心理，不会产生负面的暗示，还能减少你的挫折感。

对于银行理财经理而言，要想成为受欢迎的金融产品专家，还要将上述步骤和技巧深化到思维中，通过和客户沟通展示出来。

$ $ $【宗师讲故事】

在火车刚发明的时候，很少有人去乘坐，因为人类以为自己的心脏很难负荷火车的速度。其实，那个时候火车的时速才30公里，而现在高速列车的时速已达到了几百公里。所以说，人类的智慧或者经验常常会受到限制。因此要想成为优秀的银行员工、成功的业务高手，一定要突破很多自我限制。

接下来的这个例子是一个关于跳蚤试验的故事。据报道，跳蚤可以跃起的高度是它身长的133倍。有一个动物实验家就抓了一只跳蚤做试验，他把跳蚤放在透明的玻璃橱里，在跳蚤身长100倍高的位置放个透明玻璃盖住，刚开始的时候，跳蚤每次跳起来都会碰着头，但是慢慢地跳蚤调整了它的跃起高度，基本不会碰着自己，这一阶段的试验表明，跳蚤也会从挫折中学习，在学习中成长，不断适应环境。经过一段很长时间的试验后，动物学家去掉盖在上面的玻璃继续观察，这只跳蚤再也不会跳过身长的100倍以上了，这说明了长时间待在一定的环境中，会对环境产生依赖性。

营销启示

作为理财经理，要想得到客户的认同，就要能够不断改变自己去适应环境的变化，不要总是活在过去，而要勇敢迎接明天，面对整个变动的环境，这样才能摆脱各种环境的束缚，充分发挥自己的潜能。

迷人的个人魅力

银行理财经理一定要理性，有很强的说服能力，但是在与客户互动的时候更主要的是发挥感染力，充分展现自身的魅力。因为只有先让客户接受你，理财经理才有机会推销自己的理财观念，才有可能向客户说明购买金融产品的利益和好处。所以在理性说服之前，银行理财经理先发挥人际关系的感染力是十分必要的。应当具备相应的公众魅力，不仅要积极主动、热诚开放，还要让客户感觉你有公信力，并且是利他导向的，即给客户的印象应该是乐于奉献的，是愿意帮助客户的，而不是一心想要赚钱。人是感性的动物，感性的因素有很多，但最重要的在于你的人格魅力。

银行理财经理的魅力主要体现在其说服力上，而强大的说服力背后是对客户情绪的有效管控。

客户类型千千万，合理引导一条线。银行理财经理为什么要善于管理客户的情绪，怎样才能做好管理客户情绪的工作呢？

帮助客户建立合理的期望值

将投资当成一种消费，不与自己的生存问题捆在一起，使投资决策不受情绪过大的影响，是投资成功的重要因素之一，也是决策学中情绪浸润模型告诉我们理性投资的关键。银行理财经理一定要清晰地知道自身、市场、客户都处于什么样的状况中，这就是理财经理在推荐任何产品之前首先要为客户做调查问卷的原因。通过调查问卷，一是判断客户的风险承受能力，二是判断钱的特点，三是判断客户对自身投资定位的考虑。

投资理财能够获得多少回报，取决于一个大概率事件，而不是短期内的必然事件。如果客户对回报期望高，将直接增加理财经理达成任务的难度。回报要求越高，完成难度越大，尤其是要在短时间内获得回报，没人有确切的把握。期望太高，一旦效果不好，会进一步增加客户的负面情绪。所以理财经理在为客户进行规划时，首先要建立一个合理期望值。

例如，在目前市场环境下，什么是合理的期望值？是期望把赔了的钱全部赚回来，还是希望未来一段时间内“从头再来”？举一个例子，北京一投资者在市场高位购买了六千万元股票，现在亏到只剩一千多万元。他找到银行的理财经理说：“我要求不高，让我回本就行。”一千万变六千万，在任何市场行情下，说做得到的都只能是过度自信的表现。这就是投资者产生了一个不合理的动机。

成熟的投资者一旦套牢至今日，不管曾经投入多少本金，都不应该再想过去的损失。有些人可能认为，毕竟是自己的钱不可能不想，但曾经有过六千万元而现在只剩一千万，怎么说心理落差也会比较大。但如果过去的损失能形成今天的经验，也算没有白损失。反之，如果投资者产生一个不合理的动机，恐怕就不只是白损失，而且会使自己陷入更加情绪化的泥潭了。

资产配置视角下的价值判断

也许银行理财经理会说：“我也知道客户的动机不合理，但我无法改变他的想法。”这个问题其实涉及两个方面：第一，我们承认不是所有客户不切实际的期望都能在一朝一夕改变，所以我们必须对客户进行判断和选择；第二，银行理财经理也需要审视自身——我们是否采用了正确的方法来引导和影响客户呢？

银行理财经理在引导客户的过程中，首先应当对所投资的市场有一个基本的判断。资产配置是投资中的一个必要条件，但作为达到理财目标来看，资产配置并不一定能让客户达到其6%~8%的投资收益目标要求。资产配置是指用长期的资金和长期的视角，享受长期的回报，并不是无论何时都买入并持有，通过价值判断选择投资进入的时机是我们对资产配置观念的一个重要补充。合理的资产配置可以有效降低投资风险、降低机会成本，在此基础上提高收益。投资者要提高投资能力，最必要也是最容易的就是理解在时间长河中的价值。我觉得理财经理有两种最为可怕，第一种就是把自己当作大众的一员，沦为情绪投资者；另一种则是没有专业性，不能了解价值与情绪的关系，无法带给客户在时间长河中对绝对价值的判断。所以，理财经理很重要的一部分责任及专业性的体现，是帮客户管理其在价值区间内的购买机会。同时需让客户理解，不仅要资产配置，还要价值判断，二者相结合才行。

对客户的情绪进行安抚引导

管理客户的情绪还有一个颇为关键的工作就是帮助客户将投资与情绪隔开。在客户高兴时打打预防针，在市场下跌时打打强心剂。牛市的时候不要一味地吹嘘，过度自信，认为自己能够战胜市场，要知道客户所赚的钱哪些是市场本身带来的，哪些是来自你的价值，要有自己的参照点。

银行理财经理需要客观地告诉客户哪些是事实，哪些是情绪。找出事实，并基于事实建立独立理性的分析，比投资者更为客观理性，而不是被情绪引导，这是对理财经理一项重要的职业要求。如果理财经理也是情绪化的，他就会助长客户的贪婪和恐惧，加重客户的情绪而不是帮助客户化解情绪。所以从某种角度，理财经理看网络新闻、媒体报道时也需要辩证地看待：看到的是事实？还是社会的情绪？如果过于相信这些新闻报道，将其当作自己投资的指南，就太危险了。因为其中大部分都是情绪的渲染及宣泄。当然，银行理财经理在摘取信息的时候，也会受到情绪影响，因此，银行理财经理必须让自己的投资能力、时间与投资对象的特征保持一致，以保证自己的职责在可控的信息和知识范围内。如果超越能力追求更高收益最终会使自己成为情绪浸润的受害者。

银行理财经理在为客户做投资决策的时候，除了帮助他将痛苦的情绪化解，偶尔也要利用其情绪去帮他决策。银行理财经理自己要能分辨清楚，所赚的钱哪些是来自情绪，哪些来自理性，赚情绪的钱会有什么后果，打算怎么赚理性的钱，等等。这是一个极大的挑战，但银行理财经理不能不了解情绪。例如，当客户投资决策有情绪，你无法化解，只能顺着他的情绪给一个建议时，你应该知道正确的方向是哪儿，而不能把阶段性的调整过程变成终极目标。涨涨跌跌是一种常态，要让自己尽量离开这种情绪的影响，建立真正的投资具有波动性的恒定概念，不要期望自己能够把握波动，持续获利。

银行理财经理要适时地调整自己的状态，帮助客户实现资产保值增值。现在不妨让客户静下心来，多思考一下，了解经济周期是怎么回事，在身处低谷与高峰时应当用怎么样的态度去对待，慢慢地从投资理财经历中学会泰然处之。

升级客户目中你的魅力

总的来说，做好这几个方面，会让你在客户心中更有魅力。

1. 过硬的业务能力

说一千，道一万，只有给客户把事情办成了，才有“和谐关系”的可能，这个是最根本的，对于理财经理来说就需要有过硬的业务能力。首先得熟知自己产品，对这些产品在细节上的要求，隐形的要求都了解，对客户的条件有精准的判断，这样才能保证给希望投资高收益理财产品客户一个满意的答案。

2. 讲究技巧和方法

和客户处关系不能“实心实意”，不能想说什么就说什么。这些技巧、方法是随着银行理财经理从业经验的增加，阅尽各类客户慢慢总结出来的。在理财销售过程中，银行理财经理对客户的掌控能力是成功签约的重要保证，在整个环节中，银行理财经理既要给客户留下专业的印象，以获得客户的信任，也需要给客户留下亲和的印象，有助于和客户沟通。在各个环节，适时适度地扮演好各个角色，输出各种信息，而不是一成不变，这就是技巧和方法。

3. 重视沟通

沟通就是指对于客户的疑问，及时给予解决；对于客户的期待，准确地给予回复。具体来说，你能准确告诉客户，产品的构成是什么、预期收益是多少，您认为某款产品不适合他的原因是什么，为何要签这么多协议，为什么必须带身份证，为什么数字要用大写……让客户充分地了解银行理财经理到底在做什么，以消除掉客户心中的情绪和疑问。

而且重视沟通不仅仅是在意识上，更需要银行理财经理在工作当中不断磨炼，形成记忆，比如一些固定的话术，习惯性的告知等。这能保证理财经理在兼顾效率的前提下，最大化的保证和客户的沟通效果。

这就是让你更有魅力的几种办法，总的来说，客户需要做的就是过硬的业务能力，增强和客户的沟通，然后讲一些技巧和方法。

超强的承受力

作为银行的理财经理，要把业绩做好，内心强大是很重要的，即心理素质要好。当银行理财经理出现在客户面前的时候，或打电话的时候，已经抱有经过你的努力客户一定会与你合作的信心，把业绩目标和获得成功的奖励作为自己的动力，常常去想象，才能有不断成功的机会。所以说，银行理财经理很重要的就是心理素质要好，要常常用自我预言的实现来激励自己。

罕见的承受力源于强烈的企图心。企图心其实就是对业务工作的态度，企图心的强弱会极大地影响你的表现，不要以为自己天分好、资历高就一定会表现好，经历和专业知识只是成功的基础，而企图心是能够将你的能力充分发挥的必要条件。

要想把业绩做得更好，就应该在自身具备条件的情况下勇敢地确定更为远大的目标，这种目标所产生的动力将会成就你。银行理财经理必须自己不断设计目标，而且要把目标设计得远大一点。

在金融产品的销售过程中，无论是客户分析、销售技巧的应用、领导统驭、管理等各个方面，心理素质都是最重要的。心理素质好了，销售技术可以完全地发挥出来。所以，银行理财经理要能够接受拒绝的正面价值，面对客户的拒绝时，理财经理的态度要谦虚、诚恳，要反省被拒绝的原因，主动承担责任，询问客户，找到原因，争取机会完成再次推销。这时，就产生了正面价值，客户的拒绝是要求我们表现得更好，拒绝是告诉我们还没有充分了解客户的需求，所以应该更进一步重新布局展开推销。客户的拒绝并不代表永远不购买你的产品，这只面对客户拒绝时，银行理财经理不要总是抱着灰色的、负面的想法，而应当抱有正面的想法。比如，当客户拒绝你的时候，可能你讲了十点内容，他只是拒绝了其中两点而已，如果这两点能够解决的话，也就能让客户百分之百满意了。那么，就针对这两点来与客户合作，解决问题。要解决问题，一定要让对方参与进来共同思考，共同分工合作。所以，在面对拒绝时，银行理财经理的心态应该乐观积极，应检查自己的布局有什么错误，进行及时调整，然后重新展开销售策略。

卓越的信息捕捉和处理能力

当今社会，金融产品的差异性越来越小，服务的价值越来越为人们所重视。虽然银行理财经理已经具备了一定的专业理财经验，但是对于客户的需求挖掘和把控还有待加强。我们知道，现在越来越多的客户购买产品时需要的不再是“最贵的”和“最好”的产品了，而是需要具有个性化的最适合自己的产品。为了提供更加专业卓越的服务，银行理财经理都应该参加专业培训及从业考试并持有 AFP 理财证书等。

银行理财经理要利用厅堂服务阵地，广泛搜集市场信息和客户信息，充分挖掘重点客户资源，记录重点客户服务信息，用适当的方式与重点客户建立关系；要主动掌握客户和业务资源，搞好分层次营销，不断挖掘客户潜力；要摸清客户需求及客户对本网点产品营销、优质服务等方面的意见，提出改进的建议，以书面形式向主管行长和网点负责人报告，与网点全体人员一起提升支行的业绩。

银行理财经理应是银行业务咨询、营销宣传的“行家里手”和了解银行产品及国家相关政策、法规的“多面手”。银行理财经理需要全面了解银行的业务和国家的相关政策，才能较好地应对客户的咨询；要有相当的风险意识，才能及时为客户防范和降低资金风险；更要有较高的情商，才能妥善解决客户的各种个性化需求，所有的这些加上热情、饱满的工作态度才能真正服务好每一位客户。银行理财经理还需要观察客户在与其他人沟通或打电话时的说话方式、语言用词、处理问题的倾向等，直至判断出客户的偏好后再进行服务和营销。银行理财经理在应对客户咨询、了解客户需求的基础上，根据不同层次的客户，主动、合理、客观地向客户推介，营销银行先进、方便、快捷的金融产品和交易方式、方法，为其当好理财参谋，这样既满足了客户的需要，又能拓展银行的业务范围。

值得注意的是，银行理财经理们不应该仅仅只是每日在自己的网点用固有的方式去维护和营销客户，而要经常去各行各业看一看，去同业那里体验一下最近几年转型后的高效、创新、联动、精细的网点经营和营销模式，这绝对会给自己带来一定的收获，并且激发出新的营销和服务思维。

对于银行理财经理而言，要增加说服力，首先要有销售的特质，这种特质是专业度的体现。然后，银行理财经理要用动人的理由打动客户，这包括正面和负面两部分的理由，所谓正面的理由就是吸引客户购买产品的诱因，即购买你的金融产品可以为客户创造财富、享受优质服务等。负面理由也叫作反诱因，即告之假如客户不合作，会有什么损失。要注意的是：在讲话的时候，不能威胁客户，点到为止即可。要给客户这样的感觉，合则同谋其利，不合则同受其害。仅有理由还不够，还要能够证明给客户看，将两个方面的理由真正转化为刺激客户做出购买决定的动力。

作为银行理财经理，要想使自己成为金融专家，要想立于不败之地，不被汹涌的市场大潮吞没，你就要了解整个环境是在改变的，就像我们谈到市场营销竞争策略一样，要认识到在营销环境中存在着永无止境的机会和威胁。所以你既要很灵敏地了解外面市场、经济、科技、政治、法律、文化、社会以及 WTO 等因素的变化；还要对同行以及非同行的竞争因素的变化有所了解。如果对外部环境所构成的市场的变化反应迟钝，你就无从让客户来比较你的产品的优劣，并且没有办法引导客户来决定未来如何投资理财。

在这样一个高度竞争的时代，消费者很容易得到竞争对手的咨询服务，通过网络或者银行的促销活动，消费者将不同银行的产品做比较可以变得更为容易。因此，你必须了解你的工作环境，了解竞争对手的动态，在此基础上，你才可以为客户提供完善的比较和分析，突出自己产品的优势。

优秀的营销型理财经理需具备以下几个素质。

勤奋

每天电话打得够多吗？见客户见的够勤快吗？是否经常与客户见面联络感情？是否做好了客户研究？是否利用好上班外的 8 小时？顶尖的银行理财经理在刚开始的时候，一定会很勤奋、很累。因为只有不断地打电话、见客户。不断地打电话才能知道客户最近的需求，不断地见客户才能混个脸熟，关键时候才能想起你，重要的时候信任你。

真诚

所有的顶尖银行理财经理，一定都有一群大客户养着。所以每一次相处，绝对都不是走过场，而应该想办法加深感情。给客户想办法，解决好分内的事和加分的分外的事，决不给客户添麻烦。

洞察客户真实的需求

客户到底想要什么？有时连他自己都不知道。我曾经遇到这样一位客户，“70 后”，话不多，转进 100 万资金要购买理财产品，网点几个理财经理轮番向他提供咨询、提出建议，而他不是嫌这款产品风险高，就是嫌那款理财收益低，磨了一个周也没决定好该投资什么产品。我们看他实在拿不定主意，便直接告诉他钱已经放在活期里一周了，每浪费一分钟都是在浪费利息，现在的几款产品都不错，只是周期有长短之分，不妨选半年的，兼顾收益与灵活度。他看我们比较强势，终于下定决心，申购了该产品。洞察客户的需求，讲求的是洞察人情世故的功力，要靠经验，靠渊博的知识。多经历，多读书，多实践，并知行合一。站在巨人的肩膀上，可以保证视野；身经百战，可以保证接地气，能贯彻好各种战术。

执行力

客户交代一个事，要迅速地有所交代。上午要一个方案，下午就要递上去；上午说对产品不了解，下午就把产品带过去，或是邀请客户参观。响应的速度一定要快，不能拖泥带水。要知道时不我待，慢一步，很有可能就被别的销售洗脑了。而许多人都克服不了“先入为主”的毛病，到那个时候，再去给客户做工作，就晚了。

配置手中的资源

给客户的小孩安排一个实习的单位；找到客户需求后，联合零售部门合力打造一个更棒产品，都是顶级银行理财经理应当具备的素质。

身心健康是核心竞争力

健康不仅是身体意义上的，也是精神意义上的。银行理财经理需要有一套非常皮实耐用、便捷可靠的身心调节系统，时刻准备着将身体、精神调节到最佳状态，让自己在工作的重压、生活的重担下始终保持轻松的微笑。

热爱工作

工作带来生存的必需条件，能让内心保持一种充实感，实现我们许多的愿望，让我们体会到生存的价值，赢得社会的尊重和认可，以此维持我们的自尊心。将自己的职业当作自己的事业，针对当前的工作和现状做好个人职业生涯规划，用认真的态度，带着愉悦的心情去工作，我们才能出色地完成任务，达成人生的目标，在承担责任的同时奉献自我、实现自我。和工作建立感情，在工作中展现自己的智慧和才华，在工作中寻找激情，快乐中享受工作，让工作成为一种乐趣，让快乐成为工作的动力。

终身学习

社会在不断进步，企业在不断发展，面对日新月异的环境，企业竞争激烈，人员之间的竞争加剧，需要我们不断学习新知识，掌握新技能，增强工作能力，完成高标准、严要求的工作任务，特别是要想取得较好的成绩，创造不平凡的业绩，必须要勤奋学习、持续学习。企业中提倡打造学习型组织，基本要求就是“全员学习、终身学习、善于学习、学以致用”和“学习工作化、工作学习化”。通过学习，我们一方面增强适应性，使工作得心应手，有信心、有能力面对任何复杂困难的工作挑战；一方面增强自身的创新能力，只有通过学习全面掌握工作内容才有突破和创新的可能，只有创新才是推动社会发展进步的原动力；另一方面提高工作效率，将工作最大可能地在短时间内完成，将工作的压力降到最低，实现轻松工作，快乐工作；还有一方面增强自身综合素质，有能力担当更重要的任务，最终有可能走上更重要的工作岗位，有机会为企业和社会贡献更多，实现人生目标。

挑战自我

一个人在日常的工作生活中，会碰到形形色色的人和事，不可能尽善尽美，皆遂人意，矛盾、挫折、失败、不幸，每个人都会碰到，因此，在日常工作生活中，当碰到烦恼、怨恨、失望、悲伤或愤怒的事情时，要善于自我解除精神压力，调理好自己的心态。面对困难和挫折不气馁、不消沉，把困难当成机遇，把挫折当成挑战，善于进行压力管理，化压力为动力，善于进行情绪管理，在愤怒沮丧中奋起。增强自己的心理品质，控制自己的波动情绪，完善自己的人格和性格，维护自己至高无上的尊严。要始终相信，人生的曲线应该是曲折向上的，偶尔会遇到低谷但大趋势总归是向上向前的。

但行好事，莫问前程

从小我们就知道“一分耕耘，一分收获”，没有付出就没有收获，再后来知道付出不一定有收获，收获一定要付出。当我们在付出前就想到预期的收获时，当我们在收获甚微或劳而无获后抱怨失落时，就要提醒自己，肚量变小了！胸襟变窄了！如何处理付出和收获的关系，直接影响工作情绪和工作效果。收获是对付出的肯定和认可，是对付出的补偿。工作中，我们付出汗水、智慧和青春，收获金钱、荣誉和尊严，要坚信“天道酬勤”，有时我们感觉付出没有收获，其实我们可能没有收获钱财地位，但已经收获了失败的教训、做人的经验、做事的能力和伙伴的认可，这些通常比金钱更重要。勤于付出，淡于收获，就要求我们以宽广的胸怀面对收获和回报，勤奋工作，自动自发，不计回报，善于在付出中寻找快乐，最终会得到超值的回馈。

高效高质

同一个单位的员工拥有的条件和环境都是一样的，工作的业绩和成就却存在着不小的差异，关键就看谁能有效地利用现有的条件和环境资源，不懈努力、探索和追求，做出不同凡响的业绩来。成绩的取得，除了个人能力之外，还有一个工作方法和工作习惯的问题，在工作中能合理安排精力和时间，做好工作计划和时间管理，更有效地组织工作任务，将使我们的工作事半功倍，而且减少差错，同时减轻了工作的压力，达到快乐工作的目的。善于将任务分析解码，然后高效执行、有效落实，就能比较快、比较好地完成任务，取得成果。当我们的任务完成得比别人更出色，就可以充分享受胜利的喜悦，同时就有时间比别人更早地接受新任务，更早地开展下一轮工作，使充满优越感而惬意地工作成为可能。

尊上协同

我们的工作时间基本上是和同事一起度过的，与同事建立有益的、愉快的合作关系，是快乐工作的基础。工作中和上级相处时，具有高度的敬业精神和服从意识，工作能力强能独当一面，有自己的独到见解能为领导排忧解难，办事妥当能维护领导尊严；和下级相处时，能处处为下级着想，从下级的角度考虑问题，对下级的一点进步和取得的一点成果都表示肯定，胸怀宽广能容忍下级的缺点和失误，勇于为下级承担责任；和同级相处时，真诚待人，不计较个人得失，不随意评论同级的功过是非，在自己工作完成的情况下尽量多抽出时间帮助同事做事，这样就能和领导、下属、同人建立互信、互爱、互帮、高效的团队合作关系，增强团队的凝聚力和战斗力，个人也能获得一个和谐、阳光的工作环境。

感恩

感谢父母给了我们世上最珍贵的生命，感谢爱人给了我们休息的港湾和远航的力量，感谢儿女给了我们无限的欢乐和希望；感谢同事，大家共同努力才创造了今天的成就，感谢企业，她的存在和发展，才使我们有了工作的机会，有了展示自我的平台，有了进步提升的空间。拥有一颗感恩的心，我们就把握了幸福的源泉，感恩使我们懂得尊重别人，甘于奉献不求回报，严守职责尽心尽力，使我们远离怨恨、愤怒、失落和忧虑，获得好心情，始终充满工作的激情。当我们常怀一颗感恩的心，将全部身心投入工作时，忠诚敬业将成为一种习惯，个人的职业生涯会变得更加饱满，事业会变得更有成就，这样便可感受到工作带给我们的无限乐趣。

我认为心态决定命运，生命的质量取决于心态，如果我们能保证时刻都有好心情，就能体验别人体验不到的靓丽生活。乐观是心胸豁达的表现，是生理健康的标志，是人际交往的基础，是应对挫折的法宝。乐观的性格，对于一个人的身心健康是极有好处的，要知足常乐，经常保持微笑，保持幽默感。同时要以积极主动的态度对待生活，不避重就轻，不逃避责任，不随波逐流，对自己的思想和行动有正确的认识，能主动支配自己的行为完成既定目标；善于明辨是非，爱憎分明，处事恰当而又当机立断；一旦想好的事情，就要克服困难、排除干扰、坚持不懈地努力做好。

第五章
理财经理修炼道路上的迷雾、陷阱和危机

拨开迷雾，保持心中的激情

银行的系统里有很多休眠客户，要想唤醒“睡眠”客户，首先得唤醒理财经理。

作为银行理财经理，你有自己的职业规划吗？

要唤醒银行理财经理的营销积极性，首先要让他把自己的职业规划做好，这样，他做工作才会更主动，而不怕缺乏足够的动力。

当员工对未来没有良好规划时，他永远只是上8小时班。而银行理财经理的工作，不可能都是在8小时之内的。如果客户信任银行理财经理，只要他有需要他会随时跟自己的理财经理联系。做得比较好的银行理财经理，在节假日的时候可能会跟客户爬爬山、参加展览、听讲座等活动。因为，他们明白这些客户就是他的人脉资源。

作为银行理财经理，你能有足够的执行力吗？

理财经理只有持续地开口营销，才能慢慢把那些休眠客户唤醒。所以，理财经理要经常关注自己的活动量，也就是所谓的执行为。刚开始时，银行理财经理与客户还没有见过面，所以一定只是做简单的电话邀约，大概一分钟就可以搞定。如果是比较熟悉的客户，每通电话需要 5 到 10 分钟，可以稍微跟客户闲聊一些东西，试着邀约客户来网点。当然，也可以根据银行理财经理的情况定出一定的电话拜访数量。

当银行理财经理坚持三个月到六个月的时候，系统里面归属你的大客户已经邀约得差不多了。银行理财经理所服务的客户普遍偏多，但不论多少，银行理财经理一定得先做电话拜访，从电话拜访里试探客户的状况。

对于银行理财经理来说，一定要做好工作日志。从工作日志中，可以看出自己的活动量到底有没有达到当初预设的目标。比如，理财经理每天要打 30 个电话，他应该把这 30 通电话的具体情况备注在日志里。什么时候打的电话，对方的名称，邀约是否成功，这些内容都要在日志里有所体现。

从日志中，可以看出理财经理的时间运用是不是科学合理。对于邀约不成功的客户，理财经理可以找行长交流，找出促成的办法。通过银行理财经理的工作日志，可以更好地帮助理财经理进行客户唤醒工作。

作为理财经理，你是否利用好了晨夕会？

有银行理财经理曾反映，“我们的晨夕会没什么好开的。”其实，晨会、夕会和例会，都是一个银行理财经理间互相学习交流好时候。比如，你问客户什么样的问题，有什么成功营销的经验可以分享。如果我昨天遇到了问题，今天开会的时候，可以说出来，让大家一起分析。这样，不仅利于大家相互学习、共同提高，对于提升团队协作精神也很有帮助。

理财经理的一天都应该干点什么?

1. 参加支行晨会

参加支行晨会一般分为两部分：前面 15 分钟是理财部自己的晨会，轮流主持，进行产品学习，总结销售卖点及话术。财经播报，财经新闻与我们在销售的产品有什么样的关联性，昨日业绩冠军分享。后面 15 分钟全行晨会，通报昨日全行业绩，银行理财经理将行内重点销售产品向全行员工讲解，行长对各条线工作进行部署。

2. 财经时事学习（晨会结束后）

了解国内外经济，政治新闻，给客户发财经播报，一般我喜欢在和讯网、新浪财经或路透中文网收集新闻，然后以一句话一个新闻内容的形式发给客户，有几项是固定的，昨日上证指数，黄金及原油的价格，其他再挑各财经网站的头条新闻，一般在 5 条左右。

3. 客户维护

打开客户管理系统，一般可分为以下两类。

（1）客户基本情况类：每个客户可能都具备这些方面。查看哪个客户（客户的家人）今天生日，一般钻石及私人银行级别客户，或其他潜力客户需帮客户订制鲜花或果篮，一般客户，发短信及电话祝贺。当然也还有其他方面，只要能够促进跟客户感情联系的均可以去做。上面这些只是更普遍一些。

（2）与客户资产相关：如查看是否有客户产品到期，进行通知及再销售。这个客户购买了万能险，给他发结算利率。客户账户大额异动联系，遇到重大市场变化及时通知客户，基金涨幅、跌幅一定比例联系客户。这方面的服务以后应该越来越重要，毕竟客户到银行是为了获得金融资产的保值增值服务，而非红酒、生日礼物之类的东西。作为维系感情联系的增值服务有必要，但不是客户关心的价值利益主体。客户维护工作是一个精耕细作的活。这些工作非常琐碎，但是非常重要。金融销售和其他产品销售非常大的一个不同点就是：因为卖的是投资品，而非消费品，所以售后服务特别重要，因为它直接关系到客户再次购买的可能性和频率。

4. 电话约访客户

每天至少给 20 个客户打电话。一般上午 11 点左右，下午 3 点左右适合给陌生客户电话。对于熟悉的客户一般比较了解他们的生活规律，针对每个人的情况联系即可，时间段限制较少。

5. 网点约见客户

一部分是之前通过电话约访邀约过来的客户；一部分是比较熟悉的客户，帮他们看看他们的产品和账户情况。

6. 上门拜访客户

一般选择在下午，事先与客户联系，介绍某只产品，上门进行营销。或是纯属拜访，拉近与客户之间的距离。

7. 工作日志

当日的工作业绩，当日电话约访具体客户名单及联络内容，当日约见客户具体名单及内容。明日工作计划，计划联络客户名单。

8. 夕会

当日工作汇报，明日工作计划。对正在销售的产品进行分析及学习，利用情景演练训练话术。

银行理财经理职业的五大陷阱

从事银行理财多年，经历了从无到有，从辉煌到平凡的过程；也亲身见证了在这个岗位上许多同人的荣辱兴衰。总的来说，这个岗位真的不好做：从业过程可谓危机重重，一不小心就会面对职业危机。

陷于错综复杂的职业环境

银行理财经理属于营销序列，营销就要有销售任务，完不成任务“战死”沙场也是很正常的事。从管理的角度来说，银行理财经理有一定的淘汰率是正常的，保持一定压力和人员流动，也有助团队整体业绩的提高。当然有不少机构为了最大化地发挥银行理财经理的效能，采用“人海战术”，大量配置人员，制订严格的考核制度，用较高的淘汰率来保证业绩的高速增长。在这种环境下生存的银行理财经理就比较悲剧了，因为残酷的淘汰随时都会发生，当然，能够在这种环境下生存下来并且成长的，都是不折不扣的精英。

若因业绩不好战死沙场还算是值得的，实际上，营销人员“委屈冤死”的也大有人在，最常见的就是银行理财经理成了管理层多变性政策的替罪羊。例如银行管理层推出一个产品、一个政策或者一项活动，让各位理财人员营销。大家热火朝天地干起来，费用也花了，人情也搭了，最后管理层一句话，政策就不能兑现！这种事例不胜枚举。

同样，银行理财经理也是各种宏观政策和市场变化的承受者：2008~2009 年的股市调整，2014~2015 年的房地产市场调控、贵金属价格波动、央行降息，甚至销售理财或国债无法保证额度充足，都会引起客户不满，这种不满情绪的发泄对象往往是一线的银行理财经理，也不乏发泄手段极端者，给理财人员造成了很大的伤害。

陷于令人抓狂的内部消耗

试想一下，银行理财经理花大力气销售了一款产品或得到一位高价值客户，但由于同事配合不到位，引起客户不满意，走掉了；还有更严重的，本来客户要买 200 万元的理财产品，结果操作时失误，只买了 20 万元，直到产品到期才发现；基金买卖弄错交易方向的、没录入交易直接就盖章让客户走的、弄错产品代码的……在后台管理保障不是很完善的银行，这些事情经常发生，弄得银行理财经理欲哭无泪。

而以营销为主要岗位职责的银行理财经理团队内部，成员关系紧张的现象更加频繁发生，造成这种现象主要原因是同行之间的恶意竞争。一般情况下，银行理财经理在销售产品和维护客户方面享有一定的优惠权限，特别是在客户经理制度下。但这种优惠如果不制订清楚，银行理财经理队伍极易出现混乱。

出于业绩压力，银行理财经理激烈争夺客户资源，有时甚至会恶意抢夺其他理财经理的客户。一个团队如果内部矛盾重重，业绩不会太好，在银行内部的话语权、影响力也会弱很多。这种情况在一些股份制银行财富管理业务发展初期比较常见。

陷于铺天盖地的琐碎无法自拔

让我们先看看银行理财经理的日常工作：早会、阅读市场资讯、来访客户接待、打电话销售、下班后整理客户资料，再加上内部的管理工作，各种会议、培训，陪同客户的户外活动，此外，还有分配（或自己）的客户的维护任务……

银行理财经理的工作量与管理的客户数密切相关，维护管理的客户越多，工作越繁忙。许多银行会给理财经理分配客户，也有许多银行会把理财经理的电话放在银行网站界面，以方便客户的联系。理财经理工作一段时间后，由于客户已经认识了理财经理，很多人都会把他的理财经理当作是银行业务的顾问，有关银行业务的大事小情，都会先来咨询理财经理。这无形中会给理财经理带来庞大的工作量，客户的事情无小事，每个需求都要记录，还要有反馈，不少事情还是很费力的。特别是在有市场行情时或者某种业务集中爆发的时期，理财经理的电话堪比热线，从早到晚响个不停，工作时还能承受，休息时简直不堪其扰。为此，不少银行规定一名理财经理最多维护300名客户，但大多数银行对理财经理的工作量没有规定，反是以销售业务作为评价工作业绩的好坏，理财经理要维护大量的客户，其琐碎之事可想而知。

更有甚者，许多银行的理财经理还要负责银行的厅堂服务。多数银行网点厅堂配置的人力有限，许多理财经理不得不成天忙于维护秩序，教客户使用网上银行、自助设备甚至接听电话、填写单据和复印。烦琐的网点服务占用了大量时间，理财经理无暇做好本职工作。

陷于无人问津的地步无处言说

许多银行网点是配置理财经理的，最初让管理层设置理财经理岗位的因素有两个，一是银行理财产品的热销，二是2006~2007年间基金、保险产品的火爆销售。后来又增加了一项：用理财经理来维护贵宾客户，做客户提升。

而在实践中，支撑理财经理岗位存在的因素却不断受到挑战：基金销售随着股市调整而进入严冬，保险产品由于投诉过多销售陷于停滞。银行理财产品的销售办法相对简单，很多银行对于“高成本来维护理财经理队伍，只销售简单的理财产品”这一现象有着很大的争议，而有些理财产品的供应还时断时续。至于维护客户，由于理财经理与其他营销岗位的利益冲突，争抢客户、不当销售、维护客户厚此薄彼的现象层出不穷，不少地方的理财经理还弄出了案件，使得管理层开始质疑理财经理岗位存在的必要性。于是很多银行的理财经理都长时间无事可做，最后不得不调整岗位。

这些理财人员因寂寞而流失，银行为此不但浪费了巨大的资源，也浪费了这些员工的宝贵时间。

陷于各种诱惑而万劫不复

人们通常认为，从事信贷业务的银行职员有时会因违规而受到处罚，理财岗位就是销售产品，怎么会有不当得利呢？其实，理财经理的岗位资源是大量的高净值客户，这些客户就是可以交换成利益的资源，许多人和机构都对理财经理许以高额诱惑，如果理财经理没有一定自律性和抗拒能力的话，就会被利益诱惑致受到惩罚，若触犯刑事法律，下场还会更加悲惨。

第一，泄露客户信息这在某种程度上已经属于犯罪了，事实上的确有理财经理在这样做。管理制度规范的银行，理财经理很难拿到大量的客户信息，客户资料只能一个一个地查，还要签订保密条款，发邮件、网上聊天会受限制，对理财从业人员的行为有严格限制。但也有相当多的银行，管理不够严密规范，客户资料一张电子表格就列出来了，看似查阅方便，实则隐患无穷。这些信息如果被各路中介、理财公司等机构获得，也会给客户带来很大的麻烦。要防止这种情况发生，“道德说教”的力量仍显薄弱，必须依靠完善的系统和严密的制度。

第二，卖“飞单”即理财经理私下销售非本行推出的理财产品。这一领域属于银行理财的灰色地带，早期并没有明确的禁令，有时银行还予以鼓励。早期的保险、券商集合理财、信托等很多产品都是通过“飞单”形式销售出去的。后来银行把这些产品都纳入集中核算，这种模式确实让银行管理更加规范，也降低了风险，但由于纳入统一管理后，返还给一线销售人员的佣金会大幅下降，许多银行为鼓励销售，还会采用账外的方法，理财经理也乐此不疲。

第三，充当资金“掮客”。近年来，由于民间融资市场活跃，不少资金需求方将目光投向了拥有丰富客户资源的理财经理。理财经理有的或充当介绍人，有的干脆自己也放起了贷款，有的还整合本单位的各种资源，帮忙做起了资金生意。在 2011 年监管部门“七不准”推出之前，这些现象在银行普遍存在。但后来出现了大量的风险事件和案例，把许多银行、员工甚至都领导牵扯了进去。在财富管理业务刚开展时，理财经理的上述诸多行为还处于无人监管的领域，但是现在如果再从事这类事情，就属于触及管理的“高压线”了。

经过这么多年的发展，理财业务已经在大多数银行站稳了脚跟。理财经理的工作模式、业务管理、绩效考核以及对理财经理岗位属性的认识，许多银行还处于探索之中。几年间，社会公众对理财经理的印象，由“财富的化身”变为“见利忘义的推销员”。除了财富管理的模式，理财经理的生存模式也需要探索。作为一名理财从业者，需要时刻提防无处不在的利益诱惑和风险陷阱，顽强地生存下去。

银行不努力，成就了支付宝。理财不努力，成就了 P2P。按理说这是银行理财经理讲营销的书，不应该为互联网金融做广告，但是据央行披露的数据显示，2014 年 1 月份的人民币存款罕见地减少 9402 亿元，而去年同期该数据为净增长 7499 亿元。目前，国内货币基金的年化收益率普遍在 3%~4%，而这比活期存款 0.35% 的收益确实高出十几倍。作为首只互联网基金，余额宝 1 元就能“起买”，让零花钱也能获得增值的机会。正是这一点，吸引了大量沉淀在支付宝里的资金。大量存款的流失使银行业意识到，货币基金动了银行业的“奶酪”。以余额宝为代表的互联网金融产品，不仅冲击了传统金融格局，也在一点点地蚕食商业银行理财经理的绩效。

有人说，余额宝的出现，推动了普惠金融，增加了居民财产性收入。美国 20 世纪 90 年代货币市场基金刚刚崛起的时候，对银行冲击也很大，但是伴随着银行纷纷改善服务，推出各种创新金融产品，从 2000 年到 2012 年，美国货币市场基金规模与活期存款之比，不仅没有上升，反而从接近 100% 下降到 30%。

如此看来，货币市场基金并没有成为冲垮银行存款的洪水猛兽，反而成为促使银行改善服务、打破金融垄断的催化剂。与此同时，银行存款与货币市场基金的良性竞争，也将促使资金流向更有效率的领域，客户也能得到更好的服务，从而提升整个金融体系的效率，降低全社会的成本。

银行理财经理，真正的挑战来了。

传统金融机构如银行正将越来越多的业务搬到网上，与此同时，靠互联网起家的 P2P 正在紧锣密鼓地布局线下网点。通过分公司来搜寻项目，利用体验店来吸引投资人，P2P 的“类银行”模式雏形已显。

目前，一些大的 P2P 平台，如陆金所、红岭创投、人人贷、投哪网等，都纷纷在线下铺设网点，更别说“线下 P2P”平台宜信，也在 1 月份宣布了其农村互联网金融战略——未来五年将自建 1000 个基层金融服务网点。

从在重庆设立第一家体验店开始，深圳 P2P 平台红岭创投目前在全国拥有 70 余家体验店，以及 35 家省级分公司。线下团队目前为 600 多人，并计划 2015 年控制在 1000 人左右的规模。

红岭创投董事长周世平告诉腾讯财经，原有的网络形式的投资人转化率比较低，是设立线下体验店的初衷。另外，目前很多投资人还不理解或者不太接受网上投资方式，体验店是一个市场培育的过程。未来红岭创投计划开设 300 家线下体验店。

据了解，目前 P2P 线上获得一名注册用户的成本普遍超过 100 元，而大部分 P2P 平台注册用户到投资用户的转化率在 10%~20%。按照这一转化率计算，目前 P2P 行业获得一个投资用户的成本约为 500 元 ~1000 元。这一高昂的成本让一些平台开始转向线下寻求更便宜的获客方式。线下获客的成本不会很高，通过分公司来管理体验店的成本会控制得比较低，不同城市的体验店成本不太一样，一年大概几十万。他说，一般小的体验店配备两三台电脑，两三名店员，就可供投资人进店咨询。

在目前线上获客的成本非常高昂的情况下，需要一些线下体验店或者面对面沟通的方式来补充。这对于一些 P2P 平台来说是合算的。“线下的获客方式更精准。”现阶段投资人对 P2P 的认可负面太多，平台希望体验店能提升投资人面对面的安全感。

目前开设线下体验店的平台还是少数，更多的是为了在全国范围获取项目而开设分公司。

当前，银行很多业务搬到网上来，主要指将吸储端（即投资人端）放到网上来。银行因受各类“宝宝们”的冲击，为了留住或者吸引用户，从而布局线上。而P2P到线下开设分公司，主要是出于资产端（即融资人端）的考虑。

目前的资料显示，各大P2P平台开设分公司的目的主要有二：一是获取项目；二是把控风险。

P2P平台规模要想扩张，在融资端的业务就要跟上来。比如北京的一家平台，以前每天成交100万，现在每天成交1000万，一个月成交量3个亿。“一个地区的项目满足不了投资人的需求，只能去其他区域布点。事实上，如果一家P2P获客也在线下，风控也在线下，就变成了用P2P平台来规避监管，完全没有必要做成互联网的模式，而是一种线下的类银行模式。多数业内人并不赞同这种模式。而随着对互联网理解得比较透彻的年轻人成长起来，他们网上投资的概率会更大。所以就这点来看，线下只是线上的一个补充，还是会以线上为主。”

线下线上相结合是目前很多P2P平台采用的运营方式，随着线上获取资金的成本企高，一些平台开始转到线下。很多P2P平台都认为，P2P要在业务模式或者风控模式上形成自己的竞争力，否则P2P就不是用互联网的优势来跟传统金融机构竞争，而是去做一些传统金融机构不愿意做的事情。这样竞争比较激烈，淘汰率比较高。

$ $ $【宗师讲销售】

互联网金融十大模式的SWOT分析

1. 第三方平台支付模式

模式概述：第三方支付企业指在收付款人之间作为中介机构提供网络支付、预付卡发行预受理、银行卡收单以及其他支付服务的非金融机构。

核心逻辑：支付拥有金融、信息双重基因，很可能成为整个互联网金融问题的核心。

主要机遇：当前的第三方支付平台主要执行的还是支付功能，未来可能基于沉淀资金做理财业务、基于用户的消费数据做信用分析、营销分析等，将成为未来颠覆传统金融行业的核心平台。

面临挑战：在传统支付领域时只需搞定银行的情形已经不可能了，在移动支付领域，由于运营商的介入，第三方支付必须要与运营商、设备供应商建立起紧密联系，才有可能把握技术发展脉络，从而整合支付资源，取得先发优势。要想做到这一点，第三方支付企业的资金实力、技术基础、公关实力都是缺一不可的。

代表企业：支付宝、易宝支付、拉卡拉、财付通为代表的互联网支付企业，快钱、汇付天下为代表的金融型支付企业。

点评：第三方支付未来的发展将呈现多元化以及两极分化，一部分好的企业会从某些具体的细分领域入手，抢占更多的地盘和空间，知名度越来越大，品牌越来越被人熟知；而一些没有明显特色、战略定位不清晰的第三方支付企业可能从规模上、品牌上越来越不被人熟悉，最终走向衰亡。

2. P2P 网络小额信贷模式

模式概述：通过 P2P 网络融资平台，借款人直接发布借款信息，出借人了解对方的身份信息、信用信息后，可以直接与借款人签署借贷合同，提供小额贷款，并能及时获知借款人的还款进度，获得投资回报。

核心逻辑：所谓 P2P，模式的本质其实就是一个互联网平台通过网络一端对接有小额借款需求的人，一端对接有理财需求的人。拆成两半就是一个理财平台加上一个小额贷款平台。

主要机遇：小微贷款因其成本过高让银行敬而远之，但是在互联网时代这一切将发生根本性的改变，有效的技术手段和创新的服务方式为高效满足庞大普通个体的金融需求提供了可能。这些普通个体往往能贡献更高的收益率，因此对金融机构来说由他们组成的集群所创造的财富将是一笔巨大的宝藏，互联网和数据就是关键的“寻宝图”。

面临挑战：处于无准入门槛、行业标准、主管机构的三无状态，根本原因在于我国没有完善的个人信用评级机制。P2P 公司很难找到比较可靠的个人信用评分，不得不把自身的商业模式做“重”，不仅要提供像国外的P2P公司般的服务，还要通过线上、线下等手段去获得客户的信用评级，实际上做了产业链上多个环节的事情，这对于企业来说非常不利。

代表企业：美国的prosper和Lending Club等P2P公司，国内的人人贷、拍拍贷、红岭创投等。

点评：国外典型的P2P，像美国的prosper和Lending Club等P2P公司，不具有担保功能，是纯粹的平台，不介入到交易中，出借和借出方直接交易。国内有些 P2P 为了吸引用户，先把借款打到平台账户，在监管方面还处于空白状态，不符合规范，可能出现卷钱跑路的风险。国内信用体系不完善，仅仅靠线上评估难度很大，如果我国的个人信用评级方面的金融基础设施更为完善，那么 P2P 会呈现更加百花齐放的局面。

3. 众筹融资模式

模式概述：所谓众筹平台，是指创意人向公众募集小额资金或其他支持，再将创意实施结果反馈给出资人的平台。网站为网友提供发起筹资创意，整理出资人信息，公开创意实施结果的平台，以与筹资人分成为主要盈利模式。

核心逻辑：在互联网上通过大众来筹集新项目或开办企业的资金。

主要机遇：是一种新型的融资方式，融资方通过众筹融资的平台发布自己的创意、项目或企业信息，互联网用户根据自己的判断来用金钱投票，少量的资金就可以成为一个企业的股东。对创意的提出者或创业者来说，他们的创业成本更低，众筹融资能更好地促进创新创业。

面临挑战： 我国的相关法律还跟众筹融资的方式有冲突，因此，众筹模式在我国面临很大的法律障碍，他们只能在夹缝中找机会，逐渐演变，最后往往成为产品打广告或者新产品试用的平台。必须严格遵守规则，如果作为公募，股东人数不能超过50人，不得向非特定人群募资，不得承诺回报，如果是私募基金还要至少100万以上的起点。

代表企业： 国外最早和最知名的平台是kickstarter，国内有点名时间、众筹网、淘梦网等。

点评： 众筹融资的发展被认为有三个阶段：第一阶段是用个人力量就能完成，不需要提案多技术门槛的产品，支持者的成本也比较低，在最初更容易获得支持；第二阶段则是技术门槛稍微高的产品；第三阶段是技术门槛较高，甚至需要小公司或者多方合作才能实现的产品。目前我国的众筹融资基本处于第一个阶段。

4. 虚拟电子货币模式

模式概述： 虚拟货币是一种计算机运算产生或者网络社区发行管理的网络虚拟货币，可以用来购买一些虚拟的物品，比如网络游戏当中的衣服、帽子、装备等，只要有人接受，也可以使用像比特币这样的虚拟货币购买现实生活当中的物品。

核心逻辑： 虽然电子货币是因应电子商务而崛起，但未来电子货币将逐步取代现有货币的部分功能，因为电子货币具有高度的便利性，而货币的产生主要原因就是便利人们的生活。

主要机遇： 第三方公司推出预付费卡、Q币这样的虚拟货币可以刺激消费，而不是去发展成货币可兑换的东西，消费实体货币的感觉非常强，而消费虚拟货币跟信用卡类消费的感觉类似，可以刺激消费。

面临挑战： 一些虚拟货币发行量太大，导致这个币种在其流动的领域膨胀，严重时还会导致公司破产。像比特币早期只是在线商户使用，但后来线下实体商户也开始接受，还有兑换的比例，政策监管起来会更加强，国家认定是非法，不允许进行实体交易。虚拟货币可能对货币体系产生冲击，因此监管会很严格。

代表企业：国外的比特币、亚马逊币、Facebook币，国内的Q币等。

点评：像腾讯的Q币、亚马逊币跟比特币不一样，它是一个封闭运行的虚拟货币，不能随便拿到市场上购买其他商品，也不能兑换成现金，对实体经济不会造成很大的影响，并且成为腾讯和亚马逊的收入。像比特币这样的虚拟货币虽然天生就是要取代主权货币，但在可预期的将来可能性不大。

5. 基于大数据的金融平台服务模式

模式概述：这种模式通过打造类似去哪儿这样的金融产品垂直搜索引擎的方式，把有借款需求的个人和有放款需要的中小银行和小贷机构在一个平台上进行对接；然后通过广告费或者交易佣金的方式获得收入。

核心逻辑：各类银行和小贷公司进行垂直搜索，为其带客户的模式。

主要机遇：这种模式不存在太多政策风险，主要原因是资金流不经过中介平台。简单而言，这些金融垂直搜索，其实就是给银行带客户的一个市场外包渠道，赚的主要是银行和小贷公司的市场费。

面临挑战：由于很多在互联网、移动互联网上提供新型金融服务的从业人员往往是互联网行业出身，对金融的理解还不够深入，做的事情还停留在用户体验等表面的层面，没触及金融较深层面的内容。未来客户的需求会越来越专业化，这些企业如何抓住这些更深层次的需求，需要进一步下工夫。

代表企业：国外的Bankrate（银率网）

点评：我国的金融服务业还不发达，借贷业务、理财业务等都非常落后，一些企业针对当前金融服务的不足，从金融业务流程里切割出一块细分的领域，进行精耕细作，慢慢地获得了越来越多客户的认可。

6. 互联网金融ETF模式

模式概述：新型的互联网金融ETF模式可能并不为广大投资人所熟

知，区别于 P2P、P2B 等对接个人或企业借款人，ETF 模式的投资人通过平台跟踪指数购买债权对接整个金融市场。

相比于 P2P 网贷平台，互联网金融 ETF 模式由于拥有丰富的线上资源可供筛选，同时提供给投资人小额当天投资获利的机会。在产品的筛选运作上，除了形成体系的 P2P 外，还将提供更多的活跃二级市场，如证券、期货等金融产品。ETF 模式是针对 P2P 市场信息不透明、风险集中、资金流动性差做出的改进。在中国，目前，个人、企业的征信系统都不够完善，且政策和监管相对滞后，造成资产信息的不透明。ETF 则通过极度分散投资在安全性上相对有保证。

点评： ETF 的运营宗旨是投资人面向金融市场，在经过筛选后将市场上的金融产品对接给用户。平台上的项目信息在投资前就会公开给用户，便于投资者去筛选，以降低信息的不透明。并且投资者将会体验更加灵活的投资模式、获得更加稳妥的高收益。

7. 互联网银行模式

互联网银行模式是指借助现代数字通信、互联网、移动通信及物联网技术，通过云计算、大数据等方式在线实现为客户提供存款、贷款、支付、结算、汇转、电子票证、电子信用、账户管理、货币互换、P2P 金融、投资理财、金融信息等全方位无缝、快捷、安全和高效的互联网金融服务机构。互联网银行的便利性、高效性将给传统银行带来较大的挑战。

8. 互联网保险模式

互联网保险模式主要指对网络虚拟财产进行投保，没有线下渠道，是服务互联网及相关产业的保险服务平台。

9. 互联网金融门户模式

互联网金融门户模式是指在互联网平台上销售金融产品。在淘宝理财和保险这些平台上，客户能通过网络查询、了解、购买各种理财和保险产品。与原来的线下购买相比，网络理财、保险更加便捷、透明，门槛也相对降低，并能及时根据客户的个性化需求，提供不同的产品组合。

10. 节约开支方案模式

BillShrink 公司主要是帮用户做节省开支的方案，它提供的服务包括六大类——信用卡、手机、电信、汽油、存款和商业信用卡。这个模式在中国未必适用，但它的思想值得学习，它不单纯是为了省钱，而是设身处地地考虑了用户的真正需求。

第六章
攘外必先安内

银行理财经理妥善处理和维护与领导、与柜员、与方方面面的关系，处理得好，会分享团队提升带来的红利；处理不好，受害最大的也是自己。

大河有水小河满，一个人可能走得很快，一群人才能走得更稳！

而是否有良好的行内氛围、是否有全攻全守的营销团队、是否心往一处想，这在很大程度上影响着银行的整体业绩、更影响着理财经理的绩效。

处理好与柜员和大堂经理的关系

许多理财经理都表示对“配合难、营销难”的问题感触很深，每每都会抱怨柜员和大堂经理不愿意给自己推荐客户，或者有时候自己好不容易拉到了一个客户，带去柜台办理业务，柜员和授权人员要么很不配合，把客户弄得很恼火；要么把好不容易得来的成果“窃取”了。

的确，由于考核、体制等众多方面的影响，在一些网点内部“各自为战、内耗严重”的情况已经成为公开的秘密。我们都听说过这样一句话：“如果不能改变别人，就只能改变自己”，既然这些“客观原因”我们没法改变，为何不能从自己做起，学着改变一下现状呢？

有一次，理财经理大李再次提到柜员不给他推荐客户、办理业务不配合时，我略带开玩笑地和他说，“我问你三个问题，希望你‘认真、如实’地回答。”

第一个问题：“你想想看，你最近一次好好地赞美柜员是什么时候？”听了这个问题，这位理财经理想了想说，“因为工作协调不很好，大家都在争客户，所以平时除了正常的、不得不进行的工作交流，几乎没有什么沟通。赞美，基本上是没有。”

听完他的回答，我继续问第二个问题：“作为理财经理，我们肯定会经常领着客户到柜台上办业务，这时候，你一般会用什么样的语气和态度对待柜员？是不是基本上都是这样：‘这位客户要办什么什么业务，你给他办一下吧！’”理财经理大李听了后说：“确实是这样。”我说：“其实你不用回答我就知道，我观察了很多网点，大家差不多都是这样。”

第三个问题：“咱们网点销售的理财产品业绩是怎么分配的？是不是基本上都放在你身上了？”大李说：“是啊，我是网点理财经理，卖的理财产品当然算我的业绩了。”我说：“在咱们网点，柜员是不是也有理财产品任务？如果这样的话，假设不考虑机制、制度、考核等方面的因素，单从业绩来考虑，柜员们怎么会舍得把客户推荐给你呢？怎么会心甘情愿地配合你呢？据我了解，绝大多数柜员都是害怕自己将客户推荐给理财经理后，不但业绩算不到自己头上，而且客户最终也会被抢走，所以他们都不愿意主动给理财经理推荐客户。有时候即使我强制要求，效果也并不好，毕竟他们自己也都有任务，完不成任务收入就会降低。”

问完这三个问题，我建议大李回想一下自己平时的做法，然后再换位思考一下：假设你是柜员，你会怎样配合理财经理？是不是也和现在的柜员的做法一样？

从某种程度上说，柜员也是理财经理业绩来源的重要基础。所以我们不妨试着改变一下，从今天开始，从这三个问题开始，试着和柜员们搞好关系，学着改变自己，改变现状。

学会赞美你的柜员同事。

把对柜员的“指责”和“抱怨”统统从嘴边拿走，代之以赞美。不要小看赞美，赞美的力量是非常神奇的，因为赞美能使人的自尊心获得极大的满足。戴尔·卡耐基说过，正常人有健康和生命的保护、食物、睡眠、自重感等基本需要，其中既深切又难以满足的就是自重感，这是一种非常痛苦的、又亟待解决的“内心饥饿”。如果谁能诚挚地满足人们这种“内心饥饿”，谁就可以将他们掌握在自己手中。也许这样说会有些太郑重，但事实确实如此，林肯也曾经说过“人人都喜欢受人恭维”。

所以从今天开始，学着赞美一下你的柜员同事，循序渐进，不要太明显、太过分、太热烈，要让他们有一个心理接受的过程，千万别吓着他们！

学会推崇你的柜员和大堂经理。

推崇就是推重、崇敬、敬仰。许多理财经理可能会觉得，天天在一个单位里工作，谁都知道谁，何必那么“虚情假意”的？

其实，在日常工作中，各岗位之间、同事之间甚至各部门之间互相进行推崇，特别是在客户面前互相推崇，可以使被推崇者在心理上、精神上得到莫大的满足，从而积极配合工作，大家真正形成合力，共同维护好客户，发展好业务。在业绩分配上学会“舍得”。

比如，主动和柜员沟通，请他们在发现优质客户时给你推荐，第一次的业绩全部算柜员的，从下一次起，你可以适当地参与分成，比如一九、二八比例等，当然对他们推荐的客户和后续的营销、维护及业绩要做好记录，并定期和他们通报，充分调动柜员的积极性。

一开始，可能很多理财经理不太理解，也不很情愿与他们分成，但换个角度考虑就很容易理解了：其一，假如他们不推荐客户，你可能只会一直像现在这样，很难有新的客户资源，甚至连那 10% 的业绩都不会有；其二，有一位非常优秀的理财经理，他是这样去想和做的，在他看来：按照银监局的规定，现在柜员是每年轮一次，而理财经理至少三五年轮一次，柜员给我们推荐的客户，即使把这位客户第一年的业绩全部给柜员，这位客户接下来还有至少两年以上甚至好几年的业绩都会算在我们身上，因为一般的柜员在轮岗时是很难将客户带去新的网点，而如果我们维护得好的话，这位客户可能会一直都跟着我们。

在我和那位年轻的理财经理细致地分析了“赞美、推崇、让步”这三个方式之后，他非常认真地执行了起来。从那天起，他便开始有意识地赞美、推崇柜员，并在业绩分成上积极学习那位优秀理财经理的做法。

过了一段时间，我出差回到支行，大李正忙得团团转，在大厅里同时照应着两位客户。忙完手头的业务后，他马上过来找我。在接下来的交流中，我发现他已经完全不再是以前那个“牢骚满腹”的理财经理了。他掩饰不住内心高兴地对我说，“您提的那些建议确实挺不错的，我都试了，很有效！”我说：“怎么个有效法，能不能分享一下？”

他向我讲述了这段时间自己的许多变化和工作上的起色。“刚开始的时候，我不好意思赞美和推崇他们，后来开始慢慢试着去做，发现并没有想象中的那么难。比如，我会‘不经意’地说她们今天穿的衣服很好看，或者说她们新做的发型很漂亮，甚至在接待完客户后，我也会对她们说一句‘你刚才对那位客户笑得真甜，客户很高兴’等等。面对夸赞，刚开始她们会有点不好意思，但看得出来非常开心。之后我再领着客户找她们办业务，她们也没有那么‘不好说话’了。而且，在领着客户去办业务的时候，我也会像你教给我的那样去尊重她们。”

看到了这些好的变化，大李同时也发现了自己身上的问题：“以前我领客户找她们办业务时，基本上都不带感情色彩，而且用的是一种近乎命令和指使的口气，柜员听了都没有什么特别的反应，按部就班地办业务。而现在，我会试着换一种口气向客户说：‘这位是我们行非常优秀的柜员小李，特别认真细致，办业务非常快，请她给您办一下吧！’”

这样，不但客户听了高兴，因为我找了一位优秀的柜员为他服务；柜员也高兴，毕竟谁都愿意听被表扬的话，更何况是当着客户的面表扬的！

“我还学习了你说的那位理财经理的做法，把很多业绩都主动计在了柜员身上，并向柜员保证：‘只要你们推荐客户给我，我都会像对待自己的客户那样维护，你们在这个网点的期间，业绩全部算你们的，你们轮岗时，你们也可以将客户带走！”

这就给柜员们吃了一颗“定心丸”。毕竟她们都知道，自己每天应付业务就非常累了，根本没有时间维护客户，再加上理财知识和专业能力方面的欠缺，如果没有理财经理的帮助，有些新客户光靠自己很难留住，一些比较复杂的产品也没法向客户介绍清楚，所以很难维护好客户，业绩其实并不好做。在支行所有柜员都会有每日营销业绩排名，大家的压力也很大。现在既然业绩都算自己的，倒不如将客户推荐给理财经理了，既不用费心力，又能分享业绩，何乐而不为？

一开始柜员们还是有些犹豫的，但经过一段时间的观察后，发现理财经理确实将业绩都记在了自己身上，而且还不定时地和自己说说所推荐客户的营销情况，所以慢慢也就放心地把客户交给理财经理去维护了。

“刚才那两位就是柜员向我推荐的新客户，开了新卡、网银，也购买了理财产品，而且其中一位客户还非常有潜力，好像是其他行的私人银行客户，值得深挖！”大李兴奋地说道。

思路决定出路，观念一转天地宽。我们已经进入了“个人时代结束，团队时代开始”的环境中，如果我们还是无法发挥组织的作用，依然依靠个人的作用，那么我们就无法在今天的环境中求得生存，更不要说求得发展。

全攻全守

“全攻全守”这是一个足球专业术语，最早见于世界杯有关荷兰队攻防体系的报道，说的是荷兰队在队员个人能力普遍较强的基础上创立的极具观赏性，将阵容的攻击性、防御性平衡到最佳状态的球队攻防体系，领先于世界足坛的理念，帮助他们在多届世界杯中叱咤风云。

以客户需求为导向的财富管理业务是未来的发展趋势，是银行竞争力的重要构成因素。而当今的人际关系，也是财富的来源，据斯坦福研究中心发表的一份调查报告指出，一个人赚的钱，12.5% 来自知识、87.5% 来自关系。运用全员营销参与竞争，是现代经济环境下各国银行业大都采用的一种方式，也是我国商业银行未来发展所必需的营销手段。

全员营销的战略目的在于使商业银行能在各个环节协调开展营销活动，以实现最大程度的客户满意，以此树立良好的形象，保留优质客户，并通过扩散效应，最终使银行获得满意的经营利润。

努力形成良性的内部化学反应

现行国内银行总分行模式下，理财产品销售与分支行业绩直接挂钩。银行业推行缩短管理半径的体制，使得分支行兼具管理职能和经营职能，因此在向上争取费用、额度、奖金等实际利益的推动下，分支行往往采用层层加码绩效考核指标的方式，转手将指标压力分解给基层，以完成分支行间的次位之争。而为了完成那些实际难以达到的指标，理财经理和柜员及其他部门的配合就显得日益重要起来。

银行柜员交际沟通能力是整个工作的重要一部分，尤其是现在的商业银行，如何让客户在第一时间选择你，信任你，选择你为他提供的服务，很重要的一部分是依靠柜员们与客户沟通的效果。

在中国大多数银行柜员与客户沟通的环境是：中间有一个玻璃隔开，客户与柜员之间有通话的话筒，这无形中造成了不对等的沟通环境。而银行柜员作为第一直接面对客户的人员，银行业固有的严谨风险管理文化、柜员自身问题等将与客户合作之间产生不同程度的沟通障碍，银行柜员与客户在沟通上存在的障碍是制约银行进一步快速发展的一个重要因素。

在这样的情况下，理财经理可以与客户面对面坐到一个安静的地方，这样可以让客户感到精神上放松：银行理财经理此时不再坐在高高的柜台后面，他们是“低柜”工作人员；他们和客户聊天，他们主动推送信息给客户；他们是综合金融服务的提供者，从个人理财规划、银行理财产品到基金、股票、保险、黄金、信用卡，理财经理此时在专业领域必须表现得无所不知。

如果我们把银行比作“金融超市”的话，那么理财经理相当于超市的销售员。也有人把理财经理比喻为客户的“保健医生”，和基金经理这些“专业医生”的职责所不一样的是，“保健医生”为客户们提供日常的健康护理，维护客户的财务健康。从某种意义上说，身为“保健医生”的理财经理们与客户拥有更加紧密的关系。

相比传统的存贷款、结算等业务，理财业务的知识、技术含量更高，涉及的权利、义务关系更加复杂，对人员的综合服务素质、服务能力要求很高。要高起点、高标准地发展理财业务，理财经理必须彻底抛弃过去那种“以产品为中心”的服务理念，真正做到“以客户为中心”，重视客户价值，关注客户体验，努力提高客户服务水平。

理财业务的稳健发展要求理财经理有更强的敬业精神与责任心，有更高的专业知识与专业技能。如今，保险、基金、银行、质押贷款和公司业务从业资格以及 AFP 等认证证书，已经是有远大职业目标的银行员工的标配。

理财是一项专业性很强的业务，理财经理必须与柜员不断学习，才会赢得客户的信赖。心中时刻保持一种积极主动的心态，才会在挑战中发现和把握更多的机遇。真诚是沟通的关键，理财经理必须引导柜员把真诚融入沟通与服务当中，充分认识当前客户的价值取向和传统观念，才能真正实现销售效益和顾客满意。虽然记录客户访谈是理财经理每天必做的工作，但只有很好地跟踪回访每日柜员推荐本上的客户，才能有效地开拓新客户。由于柜员推荐的客户都属于理财经理的间接客户，所以理财经理只能在简单的电话回访过后，通过不断地群发短信，来让这些客户了解银行的产品。

而理财经理要把服务好每个客户当作工作的目标。在大堂，理财经理与柜员相互配合，在引导客户的过程中积极宣传理财知识、提供客户需要的理财咨询、帮助客户理性选择适合的投资方式。在工作中，尤为注重现有优质客户的维护，用优质的服务和多元化的产品留住客户、持续开发客户，秉承“一张笑脸相迎，一颗诚心办事”的服务理念，主动、热情、耐心、细致地为客户服务，赢得客户的信赖。

还有就是前期的宣传配合工作也是非常重要的。理财经理先通过短信和 LED 栏告知客户，现在正在发售或将会发售什么产品，并当天召集支行的客户经理，告知他们将要发售的产品和产品的基本情况，让客户经理在营销新客户的同时可作为强有力的武器；同时，在每天的会计晨会上，告知客服主任与会计人员，让他们对产品也有所了解，可以加大产品的厅堂销售。

全攻全守，全员营销

“一个好汉三个帮，一个篱笆三个桩”，要想做成大事，必定要有做成大事的人脉网络和人脉支持系统。人脉资源是一种潜在的无形资产，是永不破产的银行。人脉关系不是需要的时候马上就能建立的。长时间地用关心和耐心对待他人，是建立人脉关系的秘诀。

每当有新产品时，理财经理应该及时传达给柜员，以实现全员营销。每天下班后不管干到多晚，理财经理应该统计柜员业绩，进行微信通报，提高柜员的积极性。

无缝交接指的是为客户的服务达到一种非常顺畅的连接，要发挥团队精神，在无缝服务中不论是大堂经理还是理财经理还是每位柜员都至关重要。从大堂经理迎接客户探明客户的来意，到将一般客户疏导到自助银行或是高柜区或低柜区，将识别的优质客户推荐给理财经理，都需整体的配合。

处理投诉是实现银行全员营销重要的一环，银行工作人员一是建立良好的心态。当遇到客户对银行服务不满时，尽管不是因为银行自身的错误，也应该主动向客户表达歉意，此时的道歉是针对客户产生的“愤怒、生气”的情绪而表示歉意。并不意味着银行承认事情本身的错误。适当的致歉可以缓和客户的情绪，有助于客户后续的处理。

在柜面服务中经常遇到这样的难题：客户的需求与银行制度发生冲突时，客户产生不满情绪。这时，柜员要注意与大堂经理密切配合，在客户面前不要急于先搬出银行的制度，可以心平气和地帮客户想想变通问题的办法，同时委婉地告知客户银行的风险点，展现出处理事情的热忱与诚意。大堂经理要认识到工作的重要性，它是提高零售银行业核心竞争的关键之一，更是大堂经理、客户与柜员之间的纽带。大堂经理、柜员专业素养的提高，对于创建一流的行业服务至关重要。

为了实现全员营销，理财经理与大堂助理、高柜柜员互动协作同样必不可少。理财经理要经常与大堂助理交流客户分层与识别的相关知识与经验，帮助大堂助理敏锐发现潜力客户，转介至低柜理财区。理财经理还要经常与现金区柜员交流银行的最新产品动向，以及适合购买该产品的客户的账户情况，促使柜员发现并转介理财之潜力客户。

遇业务高峰期，高柜柜员、理财经理、大堂经理应紧密协同配合，大堂助理应充分引导客户利用自助设备、服务终端及营业厅上网设备完成查询、转账、缴费等操作，并在低柜和高柜之间适当引导人流，提高服务效率。

而分支行领导则要每年开展服务竞赛活动，加大对服务环境和服务效率的考核权重，根据业务量、服务质量、投诉率等指标细化考核，绩效挂钩，奖惩并行；同时开展星级员工、季度服务明星评比活动，树立服务明星标杆，鼓励先进，鞭策后进，给予相应的奖励和处罚；定期开展服务讲评活动，全员监督，提高责任意识，强化监督检查，建立服务工作长效机制，让“客户至上、服务至上”的意识深入人心。

总而言之，“用心服务”就是用心为客户提供真诚的、发自内心的服务。银行上下只有热心对待每位客户，才能获得信任并能进一步让客户将心中的需求完全说出；必须细心观察与体会，才能深入了解客户的真正需求；针对客户的需求，要积极主动热情并有效地用心执行。唯有发自内心的服务意愿，才能提供客户满意的服务。要以真心服务，让客户觉得安心舒适，要营造美好的服务气氛，让客户体验到愉悦的服务，保持对银行的忠诚度。

下面是一篇我们网点柜员写的营销心得，从柜台角度对全员营销做了新诠释。

$ $【宗师谈营销】

来自一位银行柜员的营销心得

1. 营销定位

我们遵循的销售价值观应该是“先予后取，助人助己”的长期关系导向而非短期业绩压力，努力在客户心中树立的角色形象应该是理财顾问而非产品推销员，在营销产品之外我们更加侧重的应该是教导客户识别风险、进行资产组合配置帮助客户建立起正确的理财观念，通过持续不断地分享理财知识资讯来吸引存量客户，为其创造专业价值和情感价值。无论客户资产大小都应该在个人态度层面对客户一视同仁，给予平等的尊重，全面的理财服务不应该是吸引客户的幌子，而应是长期持续的行动。

那么，在众多理财产品中，我是如何将自己的营销优势定位为保险并加以优化提升的呢？

2. 营销策略

第一，分析利用网点优势和客户结构。

我所在的××路支行坐落在中高档小区旁边，是分行营销能力最强的支行，有着良好的理财营销传统和合作氛围。小区里存取定期的私人储户很多，其中也有很多常客，对理财产品一贯的消费能力和接受程度都较高。我行的理财产品大多同时具有较高的稳健度和较高的收益率，目标客户是有稳健理财需求的客户群体，我在VIP窗和普通窗都工作过后发现小区客户恰好与我们的产品定位对接，中等收入以上阶层的理财观念较开放、需求较明确消费能力较高，他们会更加关注稳健的高收益理财产品，普通中低收入居民的理财观念较保守需求较模糊消费能力较低，他们会更加关注理财产品是否保本，定期存款的上浮幅度，这些客户都是我未来可以着重营销定期储蓄的资源，加上支行政策的重视，理财产品营销可谓是集天时地利人和于一身。

第二，建立良好营销习惯，加强自身活动量管理。

在金融产品营销界有一个营销公式：收入＝活动量×绩效＋专业知识。何谓活动量？活动量管理是指营销人员对自己一段时间内所从事的销售活动过程，包括销售的对象和销售的过程制定量化目标，并记录实际结果，用于评估工作进度和专业技能的一套方法，主管对营销人员的销售计划做事先指导并在一段时间后检查实际结果和计划间差距提出改善意见和辅导，使营销人员的活动量得到有效增加，技能也得到不断提升。

因为网点柜员工作限制我们以接待客户、处理日常业务为主，保险营销为辅，所以柜员的活动量管理除了固定在早会参加相关保险知识培训及话术场景演练，固定在处理日常业务中掌握保险产品特点和营销话术后对潜力客户察言观色选择时机勤开口，用一句话营销推荐合适险种，保持拜访量交换联系方式之外，个人建议柜员在下班后对当日的所有潜力客户再通过电话或短信做一次接触，对成交客户进行后续维护说明，对未成交的潜力客户拉入自己的储备库，尽量通过各种通信工具建立长期关系，并填写好本日的营销日志对所有潜力客户都进行客户档案管理，填写完日志后在固定的时间计划明天的工作和学习，建立起一套固定而持久的保险营销工作模式：培训演练——日常营销——下班维护——营销记录——后续计划——保险学习——本日总结——业绩提升的循环。

在每天的早会中，柜员亦可拿着自己的营销日志参加，各网点营销主管可以收集本网点营销日志并让其中一位汇报昨天的营销情况，主管可根据该柜员营销日志上所填写的内容提出问题，对柜员进行具有针对性的辅导，如果柜员不多，也可以让每个柜员先简要汇报一下昨天营销中遇到的问题，然后就共性问题予以统一解答和辅导，个性化问题留到早会结束后再进行具体辅导训练。只有扎实做好柜员营销的活动量管理这类基础性工作，调动起网点的营销氛围和人员执行力，才是提升整体营销业绩的不二法门。

第三，察言观色勤开口。

在分析利用网点优势客户结构、养成训练通过贴近实战的演练磨炼营销技巧这类良好营销习惯后，我们就开始和客户正式接触了，在日常营销中，柜员更多是进行潜力客户初步挖掘和销售转推荐，对潜力客户察言观色的高度识别率、建立感情的开场白、一句话营销的开口基数和不断优化自身营销话术配合技巧是其中四个关键影响因素。

对潜力客户的高度识别率源自丰富营销经验带来的察言观色能力，柜员可以根据客户的年龄层次、资产状况、理财习惯、衣着打扮、言行举止、工作职业及家庭背景等综合判断，进行更有针对性的营销。

建立感情的开场白：初步判定潜力客户后，可先行对其办理业务提供额外关怀或针对其个人情况进行寒暄，如针对办卡客户可提示其进行网银手银签约激活，针对带小孩的客户可对其子女进行赞美等。

一句话营销的开口基数：开场白完毕后就进入正式营销环节，勤开口是所有营销技巧的习惯基础，就算客户再多工作再累，至少对于潜力客户的三板斧式简单询问都是必要的——您有多少闲置资金？对风险偏好如何？资金能放多久？我们有个 ××× 的产品，您有兴趣让我们的理财经理过来给您推荐一下吗？

不断优化自身营销话术配合技巧：如注意潜力客户是否不足或超过产品要求年龄，是否携带本人身份证和卡折，以存取定期的客户为主要目标，对客户的个人资产等隐私信息要注意保密，客户经理营销时柜员不要过多打扰，营销时注意说明产品细则和风险提示等。

第四，柜员后台大堂团队配合联动营销。

这个时代没有人能够独自成功，特别是对于银行网点这类小团队而言，团队配合合作营销才能发挥最大效用，以一个完整的客户营销环节为例：柜员前期识别推荐，后台适当帮腔，客户经理作为营销主力协力拿下客户后柜员尽快替客户办理产品签约，客户经理携带客户进行后续资料填写复印整理维护工作，每一环都紧密相连，如果彼此独立很明显整体效率会大打折扣。当然，合作营销时彼此的业绩分配也要公平透明，避免产生不必要的纷争。

第五，抓住机会反复促使客户成交。

在柜员日常保险营销过程中，察言观色判断潜力客户——柜员开场白进行初步推荐——呼叫后台及大堂经理配合团队营销——抓住机会促使客户成交——针对客户疑虑提供对措消灭疑虑——最终成交这是基本过程，但其中有一点应该值得借鉴，就是在第一次促使成交针对客户疑虑我们提供了对措消灭疑虑后客户依旧不想成交时，我们可以暂缓一阵等待客户业务办理完毕后寻找时机再次促使客户成交，因为有时客户疑虑消除后自己也需要一个思考时间去消化，把握好时机再次促使客户成交也是很关键的，成功者永远不会放弃任何一个可能的机会。

第六，制作名片与客户保持联系，做好售后维护工作。

柜员若想争取转型客户经理，就必须专业到细节，名片作为一个人的信息浓缩体，是一件不可多得的营销利器，和客户交换名片后只是建立长期联系的第一步，后续需要你对不同客户层级进行划分投入相应时间精力进行管理。万变不离其宗，只要紧抓维护客户这个根本目的不变，一切正当途径渠道都是可以利用的，当然，在客户交往中关注度可以不同，但真诚服务的内心必须始终如一。

第七，通过各种渠道进修，提高自身专业水平增加客户信任度。

专业形象也是获取客户信任的重要营销优势之一，特别对于保险这类细节烦琐政策种类更新迅速的产品而言，考取如AFP、CFP等相关认证，通过专业网站资料学习等都是下班后不错的进修途径，可以在下班后填写完本日营销日志做好明天工作计划后留一块固定时间进行相关知识的学习。

本章就要结束了，有一个小故事，我不吐不快。小威是我们支行的一位资深柜员，经过多年在柜台的摸爬滚打，她业务熟练、服务细致，我们一直看好她早日荣升柜台经理。可出乎大家意料，在我离开支行不久后进行的的岗位调整中，她毅然放弃了自己为之倾注无数汗水而且晋升前景一片大好的柜台工作转入了理财经理队伍。我知道后，跟她电话沟通了几次，劝她珍惜来之不易的机会，不要冒险半路出家，

换岗后一切从零开始，既无经验，又无资源，这不是自找苦吃吗？她却显得很乐观，说自己喜欢理财经理工作很长时间了，能在理财特色支行当理财经理与在千篇一律的柜台工作相比，她甘愿选择前者。

过了两个月，偶然遇见她，她兴奋地告诉我，自己当初的选择是正确的，当理财经理，前途光明，希望无限！我故意给她"泼冷水"，才干了几天啊，就翘尾巴了？她却一本正经地说，当理财经理，每天都充满挑战，充满期待，让她能量无限。她还给我讲了一个她成功营销大客户的故事。

一天，整个营业厅内挤满了人，来办理转账、咨询理财产品的人络绎不绝，小威也忙得不可开交。这时，一位中年客户带着几位随从模样的人走进银行大堂。看到小威手中的宣传折页，客户突然颇有兴趣地走过来问了几句，小威简单地向他介绍了我行的新产品，可客户没兴趣，说另外一家银行的产品更好，还要把钱转到那家银行去。通过之前在柜台练就的一双"火眼金睛"，小威预感这位客户资金实力雄厚，出手定会不凡。"那家银行有什么产品吸引他们呢？既然客户现在还在我们银行，

我就应该把他拿下！”于是小威根据我们之前每周一例行培训的营销常识结合现实情况开始了“进攻”。

以前夕会培训时，我带领营销团队探讨过要因人而异、以退为进，不露锋芒地耐心倾听，才能尽可能了解客户意图。这一点，小威牢记在心。面对这位重要客户，她不断提醒自己要做一个最佳听众，认真倾听客户的需求。“据我所知，目前能和我们银行收益相媲美的产品在市场上并不多见，刚才您所提到的那家银行，他们相对于我们的优势在哪里呢？您可以告诉我吗？”面对小威的虚心求教，对方的原本的抵触情绪一扫而空，滔滔不绝地对两家的产品发表起自己的看法。在客户陈述的过程中，虽然处于职业本能和荣誉感，小威有好几次想纠正客户对一些概念和常识的误解，但一想起“不要拒绝客户，不要让客户感觉没有面子”的警示，考虑到那样可能会引起客户的不快，小威并没有打断客户，依然连声称是、频频点头。通过仔细聆听客户的讲解，小威明白了客户之所以青睐那家银行，是因为他被那家银行的组合式营销“击中了”，想当然地认为那边给的收益高，并没有冷静下来仔细推敲。而实际上我行的产品也具备同样的服务和功能，只要表述得当，应该可以使他回心转意，就看怎么说了。于是，面对这位第一次接触的客户，小威并没有重点去纠正其所产生的误解，而是主动热情介绍我行的服务品种、方式，适时为客户理财、资产配置最优化当好参谋，利用专业知识准确快捷地对客户感兴趣的和客户潜在需要的几款产品做了深入浅出的介绍。

经过一番解说，客户原本顶破房顶的嗓音降下来了，原本不屑一顾的眼神平和下来了，指点江山的劲头也缓和下来了。小威感觉自己的表现显然给客户留下了良好的印象，她知道出击的时刻已经成熟，和客户深入沟通、建立互信关系的窗口已经打开。而深入的沟通基于共同的语言，和客户的共同语言在哪里呢？

前面我们说过，要抓住客户的心，一方面要熟悉自己的业务产品，明白自己能够给客户带来什么，另一方面，要明白客户要什么，要从客户的角度出发，想客户之所想，急客户之所急。对，想客户之所想，急客户之所急，这就是共同的语言，这就是我们与客户建立利益共同体的切入点。

小威说，在与客户攀谈的过程中，她也把自己放到客户的位置上思考问题，通过不断权衡利弊，考虑到客户提出的建议和问题可能会有一定的局限性和片面性，她不断提醒自己要换位思考，理解客户，始终以“润物细无声”的方式努力引导他。可能是由于被小威始终把客户的事情当成自己的事来办，急客户之所急想客户之所想的真诚打动，也可能是冷静思考后认为确实我们行的产品更加稳妥，也可能仅仅是因为喜欢和小威打交道，客户不仅在小威建议下购买了产品，还在不久后又介绍了几位新客户给小威，现在大家已经非常熟悉，见面常常开玩笑，俨然是老朋友了。

小威还告诉我，她和客户打交道不只是说说笑笑就再见了，她每次都会想办法适时且毫无违和感地“插入广告”，保证沟通一次要营销一种产品，这样，既可以给客户明确的思考方向、给予客户明确的兴趣点又不显得突兀。在产品营销领域，客户的第一次体验具有决定性作用，感觉好，后期合作就会源源不断。急功近利，反而会适得其反。对于理财产品，对于理财经理，时间是最好的试金石，最有效的营销工具，要有耐心，在不断地沟通中营销产品，在产品的累加中用“微笑的‘5’”带来忠实客户。

当然，小威也没忘记“售后是营销的开端”。她说，当了理财经理才知道客户营销容易，维护客户难。结合之前柜台工作的一些好的习惯和做法，她仿照柜员待处理业务台账、柜员日志建立了《客户经理日志》、《待跟进客户信息记录表》等表格，记录每日已接待客户、待跟进客户、贵宾客户的维护情况。如：接待该客户有哪些需求；回访该客户时对我行产品服务有何意见及建议；该客户在不经意之间询问了哪些问题，应该向银行哪些相关部门反映。当客户企业或者需求有特殊情况的另作标记，方便日后查找，对客户做回访一一解答。

在与客户沟通中有一个营销技巧是记住客户的姓名和声音，在电话回访或者是网点营销时能直接叫出客户，让客户感到备受关注的必要情感关怀。这就要求客户经理在每日频繁接待客户的同时记录下客户的基本信息，有可能的话将一些个性化很强的特征记下，小威说，当了理财经理才发现，自己真的需要一个超级大脑，真佩服那些业绩突出的理财经理，他们真是集“五宗最”于一身的超人。

如今，小威与这位客户建立了良好的友谊：当客户过生日时收到我们送去的鲜花，在惊喜中留下感动；客户烦恼时收到我发来的搞笑段子或心灵鸡汤短信，把不快暂时抛到脑后，而抱以一丝谢意……虽说事情都很平常、也很简单，但早已赢得客户的“芳心”，小威很高兴，也很得意。

第七章
切实可行的职业规划

思想有多远，就能走多远

从我国银行业的实践来看，银行理财经理在维护客户关系上具有独特的优势和作用。理财经理不仅可以提高银行主动营销能力，还能充分挖掘客户潜在需求：通过构建与客户的关系影响银行的资本运动；通过有的放矢的客户营销优化银行的资产结构；通过风险规避与合理规划来实现客户资产保值增值的目的。可以说，理财经理在银行扮演着非常重要的角色。

“吃不穷、喝不穷，算计不到就受穷。”每当我们网点取得成绩的时候，我总是第一时间告诫理财经理，不要沾沾自喜于一时的进步，目光要放长远些，多想想以后怎么办？怎样拓宽职业的维度？怎样挖掘职业的深度？说具体一些，就是要有规划。

规划是为完成一定时期的任务而事前对目标、措施和步骤做出简要部署的事务文书。规划具有预见性和可行性。制订规划要对未来一段时间或一个时期做出科学的预见，如基础条件如何，前景如何，目标高低，措施怎样，等等，对各种可能出现的情况，必须有一个清醒的认识、正确的估量。没有科学的预测，也就没有规划。

职业规划，管理好你的预期

如何做好职业规划？职业规划的目的，一方面是在跟主管领导沟通未来的规划，另一方面也是在自我反省。在内容上，对主管领导而言，你是在设定未来（可能短到一年内）预计达成的工作目标，对自己而言，是在设定自我突破的规划。

规划是提高工作效率的有效手段，写职业规划实际上就是对我们自己工作的一次盘点。让自己做到清清楚楚、明明白白。可以说，规划是我们走向积极式工作的起点。

职业规划不是写出来的，而是做出来的。规划的内容远比形式来得重要，拒绝华丽的辞藻，欢迎实实在在的内容。简单、清楚、可操作是职业规划要达到的基本要求。

职业规划有四大要素：工作内容、工作方法、工作分工、工作进度。缺少其中任何一个要素，那么这个职业规划就是不完整的、不可操作的，不可检查的。最后就会走入形式主义，陷入“为了写规划而写规划，丧失写规划的目的”。在银行里难免就会出现“没什么必要写规划的声音”，我们改变自己的努力就可能会走入失败。

规划能力是各级干部管理水平的体现。个人的发展要讲长远的职业规划，对于一个不断发展壮大，人员不断增加的银行和组织来说，规划显得尤为迫切。在规模较小的地方支行，规划的重要性有时不会凸显。因为涉及的问题并不多，沟通与协调起来也比较简单，只需要少数几个领导人就把发现的问题解决了。但是在一般规模或者规模较大的分行总行，人员多了，部门多了，问题也多了，沟通也更困难了，领导精力这时也显得有限，规划的重要性就体现出来了。

很多人抱怨计划赶不上变化，特别是觉得自己制订的计划根本没用处，因为日常工作还是得听领导吩咐，并因此怀疑工作计划的作用。其实，如果把个人计划和组织计划结合起来，就可以很好地解决这个问题。每到年初，不论个人是否制订了工作目标，你所在的单位一定制订了银行的发展目标。而主管领导在安排工作内容时，也会将银行的目标分解和具体化，然后再落实到个人。因此在制订新一年的工作计划时，要充分和自己的领导以及同事进行沟通。

主管领导不会希望你去设定原本就可以达到的目标，他总是想好上加好，不断突破。但是你并不见得就得跟着好高骛远、好大喜功。目标合理且具有一定的挑战性才是好的计划。一般来说，目标要稍高于自己的能力更能激发潜能。深入分析银行所处的不利环境，在计划书中用客观事实让主管领导认可你的最低目标，然后再用最高目标要求自己，让主管领导知道你的难处，又对你的拼劲感到开心。

有了职业规划，我们不需要再等主管领导或领导的吩咐，只是在某些需要决策的事情上请示主管领导或领导就可以了。我们可以做到整体的统筹安排，个人的工作效率自然也就提高了。通过职业规划变个人驱动为系统驱动的管理模式，这是银行成长的必经之路。

主管领导在设定你的下一年度工作内容时，通常是在贯彻银行由上而下的年度目标，因此，你必须先仔细了解银行的年度目标，这点很重要却总是被忽略。另外，你一定要花时间想清楚自己下一年度希望的成长，是学习还是薪酬？还是发展另一项专才？

如果你想要的是学习新技术，你的职业规划就必须加入学习规划，比如参加各种专业理财培训并在一定时期内拿到 AFP 等认证证书；如果是想增加收入，就必须制订增加业绩的规划，或是调换部门的准备规划。先了解银行的年度目标以及个人的年度目标，你在制订职业规划时才不会无所适从。

制订职业规划的原则是勿好高骛远、目标合理、具有挑战性。如何避免好高骛远，设定合理的目标呢？多数人在制订规划时不会想到自己的缺点，建议可以找你较熟的同事与主管领导，请他们检视你设定的目标是否太过理想?制订的规划有没有避开或改善自己过往的缺点?为什么要具有挑战性?主管领导不会希望你只是去设定你原本就可以达到的目标，他会期待你在未来的一年，无论在工作上或学习上都能有所突破，所以，虽然要避免好高骛远，但也得设定自我挑战的规划。

有了上述的准备与调整，接下来就进入实际制订职业规划的四个步骤。

1. 目标要数字化

只有形容词的空泛目标是没有意义的，所以要把职业规划的目标与内容数字化，例如时间化、数量化、金额化。

2. 行动要具体化

有了数字化的工作目标，还要附带有效的执行规划。

3. 学习要常态化

你应该同时制订年度的自我学习规划。银行对员工自我学习通常是抱持正面的看法，有些银行甚至规定学习规划是职业规划应具备的项目。

4. 沟通要面对面化

完成职业规划后，一定要面对面地与主管领导沟通，而不是只用电子邮件把职业规划传送给主管领导。面对面沟通的好处，是你可以透过主管领导的表情与肢体动作，更清楚了解主管领导对你的各项职业规划的看法。你也可以通过面对面的机会，告诉主管领导你的中长期目标，例如两年内希望从技术部门调往行销部门，或是 3 年内希望担任主管领导等职，请主管领导针对职业规划与学习规划，给予建议。总之，不要把制订职业规划当作是交差了事的例行事项，应该借这个机会，重新检视自己的职场生涯规划。

计划终究是计划，能否起到作用还是要看执行效果。既然制定了工作计划，那么在平时的工作中，就要注意对计划执行效果的审视和总结。除了银行在日常管理中的考核之外，对于个人来说，也要注意职业规划的执行情况。当你发现偏离了职业规划的时候，一定是自己的工作出现了问题，这时要加以注意并及时调整。

首先，要调查实际情况，根据本部门结合银行现实情况，做出的规划才会被很好执行。其次，各部门每月的职业规划应该拿到例会上进行公开讨论。目的有两个：第一，通过每个人的智慧检查方案的可行性；第二，每个部门的工作难免会涉及其他部门，通过讨论赢得上级支持和同级其他部门的协作。另外，职业规划应该是可以调整的。当职业规划的执行偏离或违背了我们的目的时，需要对其做出调整，不能为了规划而规划。还有，在职业规划的执行过程中，部门主管领导要经常跟踪检查执行情况和进度。发现问题时，就地解决并继续前进。因为中层干部既是管理人员，同时还是一个执行人员。不应该仅仅只是做所谓的方向和原则的管理而不深入问题和现场。最后，修订后的职业规划应该有银行领导审核与签字，并负责跟踪执行和检查。

总之，制订规划，就是为了执行。对未来的预测，应建立在客观实际的基础上，切忌盲目地、无根据地制订规划。这样才能使规划有可行性。制订任何一项规划，必须有明确的目的，即在一定的时间内完成什么任务，获得什么效益。这也就成了工作的方向和依据，并具有很强的指导性、规范性和约束性。社会在不断发展，情况在不断变化，这对事先制订的规划来说，很难准确无误地进行预测。因此，规划能不能完成，要从主客观两个方面去总结。如果在规划执行过程中，客观情况发生了变化、就要适时地予以修订。所以规划既有指导性，也有可变性。

在银行内部开辟上升空间

在银行内部开辟上升空间，内部转岗就是一个不错的选择。内部转岗是对自己职业目标的一个重新发现与规划，不容草率了事。相比辞职的决绝，内部转岗恐怕更费心力，搜寻目标、协调关系，并且总有前后左右许多细碎事情需要搞定。不同的情况也总有相同的方法可以参考。

首先，要搜集信息，让目标部门领导认可你。既然决定要“跳”到更适合发展的部门，对职位表象之外的了解也应该多做功课。这个职位的实际感受是什么？部门文化是怎样的？部门领导是什么样的工作风格？事先不去了解清楚的话，很难保证内部跳槽一定成功。当然，了解是双向的，你凭什么让目标部门的领导对你青睐有加，大力拉你入伙呢？

要不打无准备之仗，搜集信息很重要。至于具体情况，除了向人力部门咨询，一定要抓住身边的“贵人”，包括现任上司和了解你并可以做推荐的同事，第三方的观点往往更有说服力。或者更主动一点，找机会跟目标部门的领导谈一谈，只要表达得当态度诚恳，对于真心表现出向往的员工，他们即使嘴上不予以承诺，也是不会产生反感的。

相熟的目标部门同事也可能会提供给你很多通过官方途径无法获得的消息。当然，必须学会甄别这些小道消息，辨清同事的观点是主观感受还是客观实际。因为轻易否定而彻底断了转岗的念头，或者因为盲目认同而非优势部门不去，都是不成熟的做法。

其次，要让现任领导变成你的助推器。无疑，顶头上司和你共生共荣，你的价值很大一部分由他来定义。虽然你可能成功跳到另一部门，但你的现任上司对你还是会有不小的影响力。所以必须令他明白，你跳到别的部门不是由于他领导不力，而完全出于个人职业兴趣。开诚布公地跟他谈一谈，站在他的角度上委婉表达你的想法，重点落在出于个人原因的专业发展而不是人际困扰上。

不管其间有没有不开心的因素，跟老部门同事的表面团结一定要做好。人熟好办事，这是你在新部门迅速站稳脚跟的优势。要努力做到喜新不厌旧：别让老部门同事疏远你，也别让新部门同事戒备你。

银行内部应聘同样如此，在与人力部门和目标部门领导有限的接触中，出色的面试表现是说服他们下最后决心的重要武器。有一点一定要把握好，那就是不要在面对考官的时候表现得苦大仇深、咄咄逼人。如果你寻求的是在银行内部另外的发展，要尽量表现出你的专业性和良好的潜质，过多地迁怒别人或者当面诋毁原来的同事和领导，是不会讨人喜欢的。

在银行里，人力部门都会尽量避免部门领导任人唯亲。不要以为面试只是走过场而已，如果你的表现没有足够的说服力，目标部门是不会青睐于你的。

最后，要尽快融入部门“小文化”。各分行支行无论大小，都有大文化（宏观文化）和小文化（微观文化）环境。重要的是你要在两种文化中都能有效工作。也许银行对外会表现为非常正式的大文化，但是在不同部门，文化表现却各不相同。

工作上必定有文化的联系，人力资源部门要确定把合适的人安排到合适的工作岗位上，还要使之与银行文化相匹配。你雇用的人要能加强这种联系，而不会引发冲突。同理，部门领导也要事先确定，你的加入只会对他满意的这种“小文化”有正向作用，否则纯粹是给自己找麻烦。

在有机会进入一个新部门后，低调是明智之举。在没有把握好部门小文化的时候，谨慎一点可以减少冲突和犯错的概率。把心思都用在的工作上勤奋努力这是得到别人认可最有效和便捷的途径。另外，千万切记不要经常拿老部门做参照物，这会引起新同事的反感。

对于银行来说，内部换岗可以用较少的时间来做决定，风险和投资成本也相应减少；对于员工来说，在同一个单位调整职位，也能更快地进入角色，重新开始新岗位的工作。在一定程度上实现了“双赢”。比起外部跳槽，银行内部转岗看似风险小了很多，但仍然需要用清晰的职业规划做行动指南和判断标准。转岗不是目的，可持续的长远发展才应该是你的终极追求。

理财经理的一定与不一定

理财经理不一定专业，但一定专注

按照当前银行的用人规定，新入行的大学毕业生必须先到基层网点锻炼一定的时间。

小张是知名高校金融专业的高才生，入行后被分配到该网点作柜员。他通晓金融知识，沟通能力强，还是行里的演讲高手，去年还获得了市分行的“先进工作者”称号。这样优秀的员工做理财经理，其业绩应该是十分不错的——支行行长对小张给予了很高的期望。

但实际上，3 个月下来，小张的产品销售业绩却非常差，就连如今较好卖的基金也无法成功销售几单。支行行长观察了小张平时工作的情况，发现他对工作很用心，也很卖力，对每款产品的要点和卖点熟悉到都能倒背如流，客户听了他的产品介绍后也都没有什么疑义，但就是不会在他手上购买产品。

针对这一情况，支行行长走访了多位客户后，终于发现了问题所在：小张长了一张娃娃脸，一脸的稚气，给客户的感觉就是他没有什么工作经验，在他那里购买产品不放心。特别是当客户得知他才工作两年后，对他的专业水准就更加不放心了。

得知原因后，支行行长又不得不把小张重新调整到柜员岗位，另找了一位具有丰富工作经验的员工来当理财经理。

理财经理是网点销售产品的主力军，他们想要做好产品销售，前提就是要让客户信任自己，有而足够的工作经验是赢得客户信赖的一个重要基础。

但在实际工作中，银行网点常常是“学而优则仕”，当一个员工表现很好时就给他（她）调整到重要的工作岗位上（例如客户经理、业务顾问等），让他在网点内部拥有一个更“高”的位子。这种“员工表现很好，就让他去重要岗位”的岗位分配误区，不仅在网点，在分支行也存在。现在我们常讲一句话：“在银行里，三等人做管理，二等人做专业，一等人干营销。”许多实践都表明营销工作做得好的员工不一定能胜任管理工作，专业度很高的客户经理往往营销上却不给力。

由此可见，对于一名理财经理来说，专业度不是最重要的，重要的是时时处处想着工作、分分秒秒念着理财、点点滴滴想着营销的专注度。

小王的故事也许能带给大家一些启发。

在日常营销中，经常会有一些对理财不是太了解。片面追求高收益的客户，对这些客户，通过一般地讲解，客户往往难以被说服，最终也不会接受我们所提倡的正确理财观念，但我们网点有位只上到初中便辍学来当保安，后来一步步打拼成为我最赏识理财经理的小王在聊天的时候告诉我，他发现在营销中如果能辅之以一些生动形象的故事，则会起到事半功倍的作用，效果较好。

小王家乡在四川，那里毛竹密布，有“竹海”之称。毛竹在其生长的最初五年里，人们基本上看不出它的明显之处，即使生存环境十分优越，它也还是以一种近似停滞生长的状态显现于自然界。而到了第六年，它会以令人不可思议的速度快速生长，仅在短短的一个半月的时间内，便可高达三十米左右，在最快的半个月时间里，每天甚至可以长到1米多。我们可能要问，在最初的五年时间里，毛竹为什么不长呢？事实上，毛竹并不是没有生长，而是在打基础、“做功课”，在这不被人注意的五年里，毛竹的根系向周围生长了10多米，向地下生长了近5米，正是依靠这坚实的基础才使它在第六年到来的时候，趁着雨季的滋润，能够进行一次“成长的爆发”，一跃成为竹子家族甚至是自然界中的“生长冠军”。

看了这个毛竹生长的故事，他立刻就想到了理财。其实理财的过程与竹子的生长有着极为相似的相同点。毛竹为了“一夜成名”，足足做了五年的“功课”，而理财作为一个人一生的财务规划，也需要像竹子一样利用一段较长的时间甚至一生的时间来“做功课”，因为理财既不是投机，也不是发财，更多的是依靠持续理财和不断积累来实现理财的目标。

然而，许多投资者却经常抱有一些不切实际的幻想，既不想静下心来“做功课”，又寄希望于在超短的时间内就能发财致富。记得2007年在股市和基金最红火的时候，我们经常劝客户要结合自己的风险承受能力、家庭资产负债情况来理财，做好资产配置，多利用基金定投等工具来进行长期理财，适当配置一些理财产品、国债、债券基金等中低风险和无风险理财产品，然而，绝大部分投资者都觉得我们的话很可笑：在投入基金和股票一天就能取得一年甚至五年的存款收益的火爆行情下，你作为理财师居然让我分期投入、让我买国债、让我买理财产品？

那时候几乎所有的人都在做着一年翻一番、翻两番，甚至今天投入1万明天就能收获2万元的梦想，国债几乎无人问津。然而，市场最终打破了这些投资者的美梦和幻想，投资不但没有翻番而且绝大部分人都已经深套其中不能自拔。试想，毛竹如果不用一个较长的时间来扩大根系、打好基础，它如何能支撑住一天生长1米多高的能量？同样，除去极为偶然的暴富因素，如果没有一个较长时间的积累，投资者如何能用较少的资金换来巨额的增值？

所以，在理财这个问题上，小王说他从毛竹身上得到了启示，毛竹用五年的默默无闻暗自经营日后的一鸣惊人，最终演绎了大自然出神入化的惊天动地。如果投资者能真正树立长期理财和价值投资的思想，从长远着眼，从小处入手，静下心来结合自己的家庭情况，制订合理的理财目标，做好理财规划和资产配置，用时间换空间，让复利为自己工作，特别是在当前市场较差的情况下，能够做到"忍辱负重、卧薪尝胆"，那么最终一定会像毛竹一样厚积薄发，从而实现财务自由、自主和自在。

通常，小王讲完这个故事后，许多客户都会理解他的"良苦"用心，"一夜暴富"的想法都会有所收敛，稳健理财的思想都会有所增强，从而对我们提出的资产配置等理念更接受。

通过前面几个故事，我们会发现，在实际工作中，学会讲故事是非常重要的。有一位营销大师曾经说过这样一句话：在营销中，卖产品不如卖理念，卖理念不如卖文化，而卖文化就是讲故事。理财经理可以不专业，但一定要专注，小王就像他家乡的毛竹一样，厚积薄发，在金融江湖上奇迹般的成长了。

理财经理不一定深刻，但一定宽广

网点是商业银行的细胞和基础，是零售银行业务发展的重要平台。虽然以互联网为代表的各种新兴渠道蓬勃发展，但传统的物理网点在零售银行产品的各种分销渠道中仍然具有难以取代的地位。不过，物理网点成本最高昂、管理最困难，如果其作用没有充分发挥，就会成为巨大的包袱。

正因如此，国内商业银行近年来纷纷开展“网点转型”，推动网点功能由核算交易型向营销服务型转变，进而改善服务效率，增强销售能力。网点转型的直接成果，体现在硬件环境上便是各行对网点营业大厅进行彻底改造，使客户在其中感到便利和舒适，正如我们前面提到的“大堂制胜”、“赢在大堂”理念，使网点在产品销售和客户服务方面的功能最大化。从客户感知角度看，大堂经理的服务能力和水平直接影响到客户的满意度。网点大堂是客户进入网点的第一场所，大堂经理是客户最先接触到的人员，代表银行给客户的第一印象，是最为直接的体验。

从市场竞争角度来看，大堂经理是实现“大堂制胜”目标的重要角色。转型之前，网点岗位设置以自我为中心，流程烦琐，缺乏协调和整合。配备专职大堂经理，在岗位设计上强化了对服务客户各类资源的管理和安排。如果将网点大堂装修得富丽堂皇，但大堂里却没有专门协调内外、服务全局的综合岗位，网点依然将处于无序和混乱之中，大堂制胜根本无从谈起。

从营销服务角度来看，大堂经理有助于充分发挥网点在产品销售中的作用。对于商业银行而言，其营销产品、服务客户都是通过各种渠道来完成的，物理网点作为最有效的销售渠道，承载厚望。大堂经理与客户接触最多，能力高低直接影响营销水平和成果；大堂经理通过识别客户、转介客户，在网点营销服务链条中的作用更是无可替代。大堂经理对客户的引导和分流，也有助于网点提高服务效率。

在更加强调全员营销、全攻全守模式的今天，过去大堂经理只负责引导、协调，理财经理只负责理财的时代一去不复返了，理财经理更多地参与到厅堂营销中的“理财经理大堂化”，大堂经理更多地参与到产品营销中的“大堂经理理财化”交叉进行，两者相辅相成、互为依托，逐渐从两个角色过渡向同一角色，理财经理不再是坐等客户上门的“坐佛”，对营销的参与度更高了，个人业绩更突出了，让我们看到了未来银行经营的新常态。

深入挖掘一个职业的内涵，增厚它的深度是一方面；在市场环境的变化过程中，及实地拓展职业的宽度、纬度，对于一个职业的长远发展同样重要。

理财经理不一定理财，但一定营销

1. 保持同步，时刻关注

随着金融理财的逐渐普及，人们对金融产品和金融市场的关注度越来越高，特别是理财经理经常会面对一些高净值客户，这些客户中相当一部分都有自己的实业，所以他们对于市场的关注度非常高，这就决定了理财经理必须要掌握更多的市场信息，对相关市场特别是资本市场有着自己的独特见解。但遗憾的是，一些理财经理对于市场的关注度非常低，对市场信息掌握不够及时、全面，因此，在与客户的交流中经常会处于尴尬境地，影响了客户维护。

这种情况表现在以下两个方面。

第一，对一些市场如资本市场不够熟悉，说不出所以然来，不能够满足客户对这方面的咨询需要，而客户往往想通过咨询这些问题来了解客户经理的专业能力和水平，以此来决定是否由其帮助自己打理资产或者解决某一理财问题。

如有一位客户在本行的资产不多，理财经理通过多方面了解到这位客户应该是一位高净值客户，但多次联系均没有结果。后来，理财经理了解到这位客户非常喜欢炒股，风险承受能力很强，但遗憾的是，这位理财经理并没有炒股的经历，对资本市场也不是很敏感，一时难以与客户找到合适的话题来交流，因为这位客户除了炒股，好像基本上没有其他爱好。于是，这位理财经理便开始每天关注资本市场，对以前并不关心、也不知道的事进行了积极了解和关注，以此来增加自己与客户的共同交流话题。后来，这位理财经理逐步试着与客户交流这方面的话题，并将自己了解的一些信息及时传递给这位客户，随着交流的逐渐深入，客户也认可了这位理财经理，并加大了自己在该行的资产。

第二，对一些新发生的重大经济金融事件了解掌握不及时，比如存贷款利率调整、存款准备金利率调整等，在客户问及这方面问题时，显得一脸茫然，不知道已经加息或者减息了，有的理财经理虽然知道事件的发生，但对将来的市场有何影响没有自己的见解。

比如，央行每次加减息时，都会通过网站或者新闻联播发布消息，但一些客户经理对其敏感度不高，前一天晚上发布的消息，第二天还不知道，结果有客户问到对央行的这一政策有何见解时，却表示自己不知道这一消息，让客户很是不理解："你作为理财经理……"如果此时理财经理再向这位客户营销时，结果可想而知。但如果我们能在重大消息发布的第一时间通知相关客户，并提出自己的看法，客户对理财经理肯定会刮目相看。

由此，我们建议，作为理财经理，每天都应该抽出一些时间来关注市场、关注热点，并对当下经济、金融和投资理财领域有所研究，对市场形成自己的观点和独到的见解，增加与客户交流时的"谈资"，建立自己在客户心中的专业度和良好形象，只有这样才能真正做好理财工作。

2. 营销要善于激发客户的购买欲望

要成功地打动客户激发客户下决定，就要在营销的过程中对客户“诱之以利”、“动之以情”、“诉之以理”。

那什么是“诱之以利”、“动之以情”、“诉之以理”呢？

“诱之以利”。我们所提供的理财产品一定有一个以上的产品特点或利益，而诱之以利的重点就是“诱”和“利”。“诱”指的是诱导，在我们拿到一个金融产品的时候，我们拿什么去引起客户想要的欲望呢？我们如何有效地引发客户高度购买的兴趣？我们要说什么、做什么展示什么来吸引客户的注意力？这一些都是在要激发客户购买欲望时要做好的销售准备。

“利”指的是利益、好处。相信没有人会把自己的钱放在对自己没有利的地方。所以，要清楚客户要的，不是产品的本身，而是好处，也就是利益。因此，以产品带来的好处吸引客户，同时，又要确认这一个好处是客户无法拒绝的，这就是“诱之以利”。

“动之以情”。“动”指的是打动、感动、触动。理财经理应该经常回想一下自己在与客户接触的整个过程中，自己的销售方式与内容能打动自己吗？在听完自己的产品说明后，自己是否会立即采取投资的行动呢？“情”指的是情绪、情感、感情、感觉。在我们和客户接触的整个过程中，我们所呈现出来的（肢体语言、声音语调、服装仪容）带给客户什么样的感觉呢？我们是否有去观察客户表现与反应呢？我们在整个销售的过程中是否有创造出让客户满意的感受呢？用任何能够打动客户潜在的购买意愿和情绪，并促使客户立即采取购买行动的过程，就是“动之以情”。

“诉之以理”。“诉”指的是诉求、表达、分析、归纳、整合。要知道85%的客户一开始会选择拒绝，不是拒绝产品，也不是拒绝价格，而是拒绝理财经理的表达方式。所以，各位理财经理应该反思一下，我们的表达方式具有一定的吸引力及逻辑吗？我们告诉客户的讯息有使客户进入签约购买的程序吗？“理”指的是道理、逻辑性；请各位理财经理记住，如果不能让客户知道产品对他带来的好处，再好的产品也卖不出去。所以理财经理一定要预先理清产品的好处和利益，让客户清楚你是最佳的理财经理，你提供的是最佳的解决方案。

理财经理会发现，在销售中可以对客户“诱之以利”、“动之以情”、“诉之以理”的话，会大大提升自己的效率。

- 要针对客户设计产品的相关话术。
- 平日练习自己的肢体动作与声音语调，让自己的销售话术可以发挥到最佳的效果。
- 销售工具的准备是让理财经理打动客户的最佳利器。

接下来，我将介绍几个在销售过程中，可以激发客户购买欲望的技巧。

技巧1：应用第三者的影响力或社会压力

“应用第三者的影响力或社会压力”是一种“借力使力”的方法，就是当理财经理在说明产品时，可以提到客户所认识的人也已经购买或投资了我们的产品，来增加说话的说服力以及客户的信心与购买意愿；或是我们搜集名人的理财访谈的剪报，来告诉客户这一位名人也是这样来投资理财的。

技巧2：应用“做比较”

货比三家是所有消费者为了要确认自己选择是对的而所展现出来的行为，这是心理上的一种安全需求，也是很正常合理的反应。因此，如果想要避免客户花时间去比较产品，那么可以做一份相同产品不同公司的比较表，或是不同投资工具的比较表，不同年龄层投资属性的比较表或不同收入家庭结构等投资理财的比较表。做这些表格是很重要的，原因有以下几个方面。

第一，当客户自己去比较我们所提供的产品和别的银行的产品时，事后给的答复几乎是负面的。因为在遇到比较的问题时，人往往会倾向于相信的一个为他做相关比较的人所说的话，这是一个先入为主的心理，因此我们应该把握机会，成为第一个为客户比较的人。

第二，有一些时候客户会说“要再比较看看”“再参考看看”，其实这一些都只是客户的借口而已。此时，你事先做好的“比较表”便可以适时地派上用场，用来响应客户的问题或是提高客户对我们的信心。

第三，用比较的方法可以帮助我们的客户判断我们产品的价值，加速做出有利于我们的决定。

3. 理财产品营销中的“五个一”

综合前面谈到的技巧，在理财产品过程中基本上都要采取“五个一”的营销办法。

（1）营造一个良好的理财产品销售氛围

第一，在营业网点、城区及重要集镇的醒目位置统一悬挂宣传条幅，牢固确立起代理销售理财产品的品牌形象。第二，广泛开展“发一条短信，传递理财信息”温情提示活动，对全行的星级客户、转账电话客户、银行卡客户和公务员、教师等客户群体及时传递各种理财资讯。第三，开辟理财产品销售“绿色”窗口，选拔精通理财产品业务的人员担当专职接待柜员。第四，在营业面积较大的网点设立专门的“理财产品角”，并配备专职营销员，随时为客户提供咨询服务。第五，设立理财产品宣传栏，定期更换宣传资料，让客户随时能够了解到理财产品的相关信息。第六，印制宣传单，安排专人深入商业网点、居民小区、机关和学校广为散发。

（2）开展一次全方位的理财宣讲

本着诚实守信、对客户负责、让客户明明白白进行理财产品投资的原则，首先可通过举办讲座、印发宣传单等形式，对客户开展理财产品投资风险教育；其次，可对前来购买理财产品的客户及时发送风险提示函，提醒他们在购买理财产品前认真阅读理财产品合同、招募说明书等理财产品法律文件，了解理财产品的风险收益特征，并根据自身的实际情况来选择购买适当的理财产品品种，积极引导广大客户理性投资理财产品。

（3）打造一支优秀的营销理财产品团队

一是通过公开竞聘的形式，对各营业网点的营销主管和个人客户经理进行选拔，将一批素质优良、业务精通、善于沟通的员工充实到理财产品营销岗位上来。二是以营销型人才特别是在理财方面有一定特长的员工为核心，成立各网点理财产品营销小组，建立起一支优秀的理财产品营销团队。三是狠抓理财产品知识和营销技巧的培训，邀请理财产品经理对全行员工进行专门培训，还可举办理财产品营销知识业务竞赛，来提升员工的营销水平。

（4）培养一批忠实的购买理财产品客户群体

在理财产品营销过程中，一方面要求全行员工对投资意识较强的客户积极引导购买理财产品，建立定期沟通制度，另一方面在股市行情波动过程中及时与客户沟通。与此同时，还可组织理财小分队，定期到社区、厂矿和机关举办理财专题讲座，与客户进行现场互动交流，使广大客户提高对理财产品的认知程度，增强购买积极性。

（5）制订一套有效的激励办法

结合自身实际情况，制订一整套理财产品销售考核办法，提高理财产品代销业务计量计价奖励标准，按月考核，按季兑现奖惩，使广大员工切身感受到理财产品代销业务所带来的效益和实惠。

我们是银行的理财经理，我们是为客户提供全面理财规划的专业人士，运用理财规划的原理、技术和方法，为客户提供量身订制的、切实可行的理财方案，同时在对方案的不断修正中，满足客户长期的、不断变化的财务需求。

我们现在处于这样一个环境——

“31 万户——2007 年，中国内地拥有百万美元金融资产的家庭数量，居全球第五。”

“67 万户——2009 年，中国拥有百万美元资产家庭，与 2008 年相比增长 60%，位列全球第三，仅次于美国和日本。”

“110 万户——2010 年，中国的百万美元富豪家庭数目突破百万大关。”

“240 万户——2013 年，中国的百万美元富豪家庭数占 2013 年全球总数的 15%，位列全球第二，仅次于美国。”

中国当前的理财市场的环境，与 40 年前的美国非常接近，都在一个起步的阶段。投资者开始对他们手中的财富如何保值增值有浓厚的兴趣，渴望有专业人士来指导他们。问题是，要满足中国投资者这么巨大的投资需求，一个尚处于起步阶段的市场，从理财产品的供给和专业理财师的配比方面，都存在缺口。

所以，机会一直在我们手中。2018 年，中国的私人财富预计将从 2013 年的 22 万亿美元增长到 40 万亿美元，增幅超 80%。据专业理财网站的调查，有 78% 的被调查者对理财服务有需求；50% 以上的人愿意为理财服务支付费用。未来 10 年里，我国个人理财市场将以年均 30% 的速度高速增长，将成为继美国、日本和德国之后个人理财市场极具潜力的国家。

数据显示，国内理财师只有 5 万人，缺口高达 65 万人。目前国内理财规划师职位，总体平均月薪达到 9000 元以上，在工作职位评鉴排名中位列第一，已经超过律师、注册会计师，被誉为金领中的金领。业绩好的年收入可以达到 200 万，有的年收入已经突破 500 万。

我们会是一群什么样的人?

我们会是绝对的人才，兼备经济学、金融学、银行学、保险学、消费支出、证券投资学、实业投资学、心理学、税收、财务会计和相关法律法规，绝对是当之无愧的学霸。

我们会拥有理性的分析与解决问题的能力、善于沟通、有强烈的责任心、诚实的品格及职业操守。

我们会是时间管理和自我管理的高手，能够熟练地根据事情的轻重缓急来安排自己的工作和生活。

我们会有着一个健康的体魄和大方的形象。

我们会积累大量人脉，进入高端人士圈，出任CEO，从而走上人生巅峰。

那么，从现在开始加油吧！

任何业绩的质变都来自于量变的积累。

无论多苦多累，这是成功之路上必经的磨炼！没有理由！没有借口！理财经理，没有雄心是万万不能的！

附录
社区银行

社区银行的概念起源于西方发达国家，是指致力于为当地居民和中小企业提供金融服务的小型商业银行。在中国，社区银行这一概念兴于利率市场化深入以及互联网金融异军突起之时，其直接切入小区终端，从物理上解决了“最后一公里”金融服务问题。社区银行面向社区居民，具有服务便利、客户信息获取便捷、市场布局潜力大等优势，不仅可以低成本地迅速扩大银行物理渠道布局，与传统网点发挥优势互补效应，更可以贴近客户，提供差异化和个性化的综合金融服务，被视作商业银行经营转型的重点方向，与小微金融并列为两大战略转型方向。

社区银行为什么成为趋势

社区是最基本的社会组成单元，从以往的社区商业和社会关系看，除了一些最基本的零售小商铺，大型连锁和商业机构并没有将自己的触角下沉到社区：一是服务半径的问题，一些大型的商超已经可以覆盖周边的小区；二是社区生态的发展阶段问题，更多的商超还停留在传统的宜居层次上，没有通过“衣食住行”的配套来打造一个更全方位的商业和社会服务性社区。

那为什么现在社区连锁店和社区便利店这么火，连银行都开始铆足了劲进入社区，开展社区银行网点的布局工作？如果将之前的社区生态称为农业时代的话，现在的社区生态就是电气时代，而未来的社区生态将是信息时代。要回答社区银行为什么成为趋势，先要回答为什么商业机构开始争相进入社区布点，金融、物流、零售行业无一不在社区这个最后的沃土上开展竞争？

其实，最根本的威胁来自于线上，也就是以电商为代表的网上购物、消费、物流配送体验，已经很大程度上解放了人们的双脚，线下的商铺已经切实感受到来自于线上的压力。零售就不用说了，每年网购占零售品总额的比重都在上升；金融方面，互联网金融通过渠道和大流量的平台，结合第三方支付，对银行传统业务的解构，而成本和效率都占有绝对优势。为了应对来自于线上的互联网金融的威胁，银行在拓展自身线上渠道的同时，也在线下紧密布局社区银行，以形成O2O的战略布局。

随着利率市场化改革的推进，银行等传统金融机构之间的竞争日益激烈，在这种情况下，银行间的竞争已经开始从产品的竞争转向服务的竞争，而原本的自助银行的模式已经远远满足不了市民的需求，同时，周六、周日传统网点空心化的现象越来越严重。未来，银行在面临利率市场化、互联网金融的冲击下，传统的利差获利模式或将被颠覆，对于银行来说，出路之一就是将业务重点转向零售和小微领域，将网点下沉到各个社区里，可以充分贴近客户，了解客户的需求，从而提供针对性的服务。从目前各个银行的实践情况来看，“自助银行+客户经理”的服务模式被普遍运用到社区支行建设，而社区银行因为更贴近居民，所以在发展零售市场方面具有独特优势，同时可以缓解传统网点的压力，解决网点排队问题。社区银行投入比较小，且运营成本低，能够帮助银行实现存款的稳定增长，提高利润率。所以银行走进社区将是一个趋势。

社区银行的发展现状

在“农业时代”，社区主要是满足了最基本的生存需要，也就是为了实现生理和安全的需要，通过建立社区的形式，维系一部分特定人群之间的社交和亲密关系，这个时候的社区，可以叫作村庄，也可以叫作小的部落，不管称谓有何区别，本质上的目的是一致的，那就是满足最基本的生存和发展需要。

到了“电气时代”，社区生活得以保障，更高的文化、娱乐、精神消费需求成为一种必需，在这个阶段，商业形态开始进入社区，并以便利店、社区店、便民服务点的形式保持与用户的黏性，提高客户的忠诚度。同时，在这个阶段，社区的生态发生了很大的变化，上班族、老人、小孩等差异化人群的特点开始出现，并产生了不同的消费需求，比如网上购物等。

到了“信息时代”，社区已然成了一个小型的商业社交中心，之所以叫商业社交中心，而不是纯商业中心，是因为社区的商业活动是需要持续性的营销活性和关系维系来保持的，以社交关系带动商业活动的发展，而绝非是简单的植入式和填充式营销推广。这个电气时代，电子化程度和便捷程度已经大幅提高，同时社区的线下商铺也将极为丰富，社区店的面积不大，但是服务的黏性和层次却比较深厚。在社区这个“最后一公里”的范围内，线上线下的商品和服务既有竞争也有合作，最终的目的是满足个性化的，差异化的需求。

社区银行已经成为主要银行的“香馍馍”，目前进程最快的是几家股份制银行：民生、兴业、光大，广发、招商等也紧跟其后。除了这些全国性的股份制银行，还有大量区域性经营的城商行，如上海农商行、包商银行、龙江银行等，也在积极布局社区银行，以抢占未来零售客户的市场。

从发展模式上看，社区银行主要有以下几种模式。

第一种是民生的广布局、内容引入模式。在民生的发展模式上，社区银行被定位为投资咨询和客户服务，主要满足客户的线下咨询需要，并提供相对应的产品销售和电子化操作指引。民生的模式是社区为体，内容为本，注重银行金融服务的丰富性。

第二种是兴业的微型网点模式。兴业银行的社区银行，在布局上和一般的网点相似，不过突出了布局的社区性，主要开在社区里面。所提供的服务和一般的网点差异不大，从这一点看，兴业的模式是依托于社区银行的布局和区位来满足客户的综合性金融需求。

第三种是光大的渠道交叉营销模式。平安银行的社区银行定位是把社区银行发展成为多种金融产品的销售渠道和展示场所，提供线下的方便、快捷的用户购买体验，如综合平安集团的银行产品、保险产品、信托产品等。社区银行的渠道作用性特征也更加明显。

社区银行刚刚起步，发展模式、发展思路仍处在边实践边总结的摸索中。但从涉及业务非常有限，多局限于自助业务和人工咨询，同时银行成立支行网点也需要一定的成本来看，社区银行未来的盈利点在什么地方呢？目前社区银行存在的多种模式，有人认为社区银行的好处在于促进零售业务，也有人认为社区银行应大力开拓中间业务，还有人认为社区银行未来的主要功能是代理业务，包括基金、理财以及开发社区贷、小区贷等业务。

从目前的情况看，显然后者更加务实，更贴近市场需求。

但是，从各目前大行的社区银行运作实际效果来看，由于在抓住“最后一公里客户与市场”的过程中，并没有领会社会金融服务的本质，也就是没有很好把握社区服务的关系链条，导致现有的社区银行网点，实际上更像是微型版的一般支行网点，除去了现金柜台业务，增加了人工咨询服务和自助服务设备而已。

由上述的社区生态发展的阶段性描述得知，目前的社区的状况已经进入了“电气时代”，其主要表现是社区精神文化和拓展性需求的延伸，不再是简单的物质性需求和植入式的功利性需求，在这一点上，国内众多的社区银行及时发现并做出调整。看看社区银行的模式——在服务上配置了服务人员、产品介绍和宣传手册，美化了网点的布局和色彩的配置，配备了一些便民的生活服务设施，但是，却并没有增加有效的能够激发社区关系链条的流程和服务。也就是说，目前大多数的社区银行还是在以以往印象中社区的需求假设来进行服务的供给，在营销手法上过于直白和简单化，单纯以类似于理财产品收益率和存款利率上浮的形式来吸引社区居民进入社区银行办理业务（这种收益率和存款利率上浮的比较在一般的网点已经能够实现，而且配套的功能性服务更完善），有时并不能起到很好的效果。

需求的错配导致银行通过社区银行营销所增加的指标和业绩，只是在原有网点的基础上进行的自然增长而已，并没能发挥出更好的几何级的关系链上的营销增长。

某股份制银行社区支行侧记

A社区银行是典型的商圈型社区支行，开业短短一年，其在核心存款、九项资产等方面甚至超过了一些规模远大于自己的支行。综合来看，其成绩的取得无疑得益于所属支行提供的强有力支持，得益于志在打造的“亲民、便捷、高效”金融服务品牌，得益于努力拓展利润空间、全面抢占竞争前沿和务实勤奋科学工作，更得益于在工作中不断拉近与客户距离、增进与客户沟通、形成与客户的紧密联系。

5月18日，是星期天，休假在家的人会好好睡个懒觉，加班的人也都盼着赶快下班好与家人共度周末。晚上7点30分，店长小丽正带领A社区银行（以下简称“A银行”）员工在周边的繁华街区散发理财宣传折页，而且这只是几个月来的一个缩影。

A银行的勤，是出了名的。身处商业区，周边银行、证券等金融机构众多，但客户对该行银行品牌认可度不高，所以，让更多人了解、认识、喜爱A银行，进而抢占市场，就成为A银行的首要任务。抢市场，宣传是当头炮，虽然有喇叭不间断地播出广告，有LED牌标出醒目的理财收益，理财客户以中老年为主体，商圈人流却以青年居多，这使得A银行最开始的宣传未能达到预想的效果。经进一步考察周边环境后发现，附近市场和公园中老年人群相对集中，特别是每天清晨、傍晚最为密集，根据这一情况，A银行将宣传时间向“两头”调整——大妈和主妇早7点去早市抢菜，她们就早7点到早市发理财折页；大爷和上班族晚7点到公园锻炼、到夜市扫货，他们也就晚7点开始宣传。

据5月份销售数据显示，A银行存在“短期理财在九项资产中占比较大、60岁以上客户在客户全体中占比偏大、理财业务在业务整体中占比过大”的现象，经过研究发现，造成“三大”的正是客户对社区银行概念认知度低、对A银行认可度低的“两低”，究其根源则是对该行银行品牌的不了解所造成的不信任。

事实上，新客户走进社区银行，都会用疑惑的目光对这种没有现金柜台、陈设简约的新事物里外打量，用试探的口气问：“你们确实是银行吗？怎么看着不像个银行呢？”经过工作人员的细心解释，客户好不容易坐定，说明来意要办理现金类业务，存钱还好说，可以通过自助存款机解决，但如果是其他诸如转账、汇款、挂失补办等业务，就只能请客户到支行办理——有客户乘兴而来，一听说办不了，留下一句“连这点事都办不了，还开什么银行”后便悻悻而去。有的老年客户本来存了定期，却因为社区银行无法提供存单，硬是支取到别家另存。有的客户听到推介长期理财，就不停摇头，“先做个短期的试试吧”。等拿到协议，有的会把上面的每个字看一遍，甚至会问：“你们不会跑了吧？”实在让人哭笑不得。

客户只有认可银行，才会把钱存到银行；只有信任银行，才会把钱长期存在银行。没有形成独立的、有特点的、互信度高的客户群体就没有源自客户群体的稳定支持，所以，在二季度数据统计期间，有社区银行短期理财在九项资产中占比近40%，客户不放心，银行发展的后劲势必不足。

要培养客户首先要吸引客户，是什么吸引来了新老客户呢？高收益理财正是那破解客户认可度难题的马前卒、当头炮。A银行的理财品牌在业内享有极高的知名度和信誉度，“要理财，就选A”在老百姓中口口相传，A银行以此为突破口，牢牢吸引住那些“第一个吃螃蟹的人”，再让他们“现身说法”，作为义务推销员，并抓住月初各行理财集中到期的当口，用实实在在的收益、真真切切的服务发掘出新客户，实现“拔出萝卜带出泥”，形成“老带新，常常新；新又新，天天新”的良性循环。

在实践中，A银行还发现所处的商圈小微商户多如牛毛，他们彼此照应、相互依存，在以信用卡为突破口的小微业务上门推介中，一旦有商户现场办理光大信用卡，他周边的商户也会立刻凑上来咨询，往往打开一点就带动一片。即使周边的商户这一次没办，在下一次定期回访老客户做二次推介的时候，他们看到自己身边的人用得顺手，自然也会办。在商户办信用卡的过程中，可以进一步了解他的经营状况、现实需要，并见缝插针地推介相关业务及理财产品，临走时留下理财产品宣传折页，告知商户上面有我们的电话，有问题就打电话给我们。即使商户们暂时什么产品也不需要，他也会大体了解附近A银行网点的情况，也对社区银行做了宣传。

A银行在发展中始终清醒地认识到——社区银行的定位本身就是金融便利店，只能做理财或只能做信用卡都不叫便利，从市场需求出发，形成一专多能、有抓有放、有所为有所不为的多元化、开放式业务体系，立足于“客户需要的就是我们要做的，我们去做的就是客户满意的”这一宗旨，把更多的诸如信托、黄金、易快贷、充值代缴、出国金融等高附加值产品、业务放到社区银行去，在主动走近客户、走向市场的过程中，实现客户便捷、银行增收的双赢。

秋天收获

在“6.30”翘尾效应、各行理财储蓄集中到期的助推下，7月份，A银行新资金放量猛增，均线两次突破250万，并于月内成为分行辖内首家九项资产破2亿元的社区支行，业绩指标连续冲高。但到8月，受到理财产品收益持续下调、居民暑期消费增长、科技街商圈整体经营不景气等因素影响，A银行多项业绩指标出现下滑。

处在“半年大战”与“金九银十”之间，在金融界常将八月称为“小八月”，这一时期，举家出游、孩子上学都需要取用大笔资金，居民消费需求达到高峰，此消彼长，储蓄自然下降。而从往年情况来看，上半年银行借理财产品收益高涨的档口全力揽储，6、7月达到高峰，进入8月份，根据市场资金流的变化适时调整巩固、休养生息，为第四季度全力冲刺积蓄力量，也符合经营规律。整个8月新资金净增量1600余万元，新增有效户不足100户，全部创4个月来的新低。

并不是每一次收获都来得顺理成章，度过最艰难时刻迎来的丰收才会如此香甜。

市场调整阶段也正是营销蓄势良机。8、9两个月，A银行共发放产品宣传折页5000余张，广泛覆盖了周边3.8平方公里范围的商业区、居民区，广泛宣传了自己的理财品牌，主动登门或致电咨询的人越来越多，起到了较好的宣传效果；呼出营销电话1000余个，主动营销了包括信用卡、理财等在内的多种产品和业务，成功营销客户上门办卡102个，使得电话营销成为一种常规营销手段；在资产项目低迷的情况下，信用卡业务依然保持了快速增长的态势，月成功首刷50件，更重要的是，信用卡业务已经成为继理财后A银行在商圈形成品牌效应的又一服务亮点，为后面新产品的营销推介摸索出了经验。

随着9月初各行理财、储蓄集中到期窗口打开，打新结束资金回归及前期宣传效果的逐渐显现，本周，A银行新引进资金近七百万元，基本上扭转了8月份的低迷，销售业绩持续稳健或突破反转，保持并扩大了领先优势，增长态势喜人。

冬日守望

在A银行实现九项资产破两亿、核心存款三千万的经营飞跃的过程中，高收益理财产品是吸收存款最重要的手段，理财募集期、集中到期产生的大量活期存款降低了银行的负债成本，盘活了市场资金，以理财为杠杆，低成本撬动我行对私存款快速增长的“理财－存款”模式是A银行经营中非常依赖的经营模式，银监会的新规定无疑使这一模式面临着严峻考验。

究其本质，理财产品市场是一个二级市场的衍生市场，在当前高收益投资渠道有限、金融市场并不成熟的背景下，包括股票、债券、票据等在内的证券市场是所有资金不得不选择的施展空间，理财产品必然要与之关联。理财是投资，投资有风险，而实践中我们发现多数客户在购买理财产品时百分之百会问的问题是“这个保不保本，保不保息”，这一方面说明多数客户对金融市场的组成结构、对金融产品的属性特点了解不清、认识不足，有些人把理财在心理上等同于存款、有些人干脆盲目跟风随大溜，侥幸心理、自我麻痹现象比较突出，这当然与存款利率长期低位徘徊、通货膨胀率长期高涨，普通居民投资渠道狭窄有很大关系；另一方面也说明多数走计划经济时代走来的城市中产阶级相较于其他金融机构更加信任银行，对银行抱有很大的期望，甚至是心理依赖。

新监管规定对理财销售的新限制及下半年宏观经济走势不乐观、金融风险爆发可能性增大预期的双重压力，倒逼A银行支行加快了“转变经营模式、立足基础储蓄”的步伐。转变模式，不是放弃理财，而是由“泛理财”向“精理财”转变，而是要一方面引导中小客户规避风险，选择定期储蓄或A+保本理财，借机做大核心存款；另一方面以券商资产管理计划、我行信托类产品等高收益、高起点理财，吸引高端资金密集型客户，高效拉升资产规模，扎实底座，拔高顶尖。

相比于上述几家社区支行门庭若市的红火，下面这则报道中门可罗雀的社区支行真是相形见绌太多了，那么同样的经营条件，同样是二三十平方米的面积，一两台自动柜员机，两三个员工，为什么在业绩上会有这样大的差别，通过对比正反两个方面的经验教训，后来人应该能从中找出解开社区银行发展谜题的钥匙。

$ $ $【延伸阅读】

商业银行某市分行各社区支行年报对比引申出的若干思考

旨在推动分行社区支行发展，优化社区支行的资产和客户结构，提高社区支行的盈利能力的社区支行达标创立劳动竞赛已经结束一个月了。在劳动竞赛期间，所有社区支行员工都铆足了劲搞营销、绷紧弦创效益，以最大的热情和干劲朝着实现有效客户数、核心存款年日均、对私存款时点三项指标大幅增长的预期目标迈进，为社区银行发展与经营摸索出一些规律、积累了丰富的经验。

经过共同努力，截至 2014 年 11 月 30 日，分行社区支行共发展有效客户 12000 户，竞赛新增 5603 户（对比 6 月 30 日数据，下同）；核心存款年日均 10555.07 万元，竞赛新增 6057.53 万元；对私存款时点余额 71814.67 万元，竞赛新增 27598.75 万元。分行社区支行整体发展水平有了很大提升。

但需要注意的是，这次竞赛也暴露出目前分行社区支行在发展势头、经营管理、软硬件配置上的一些问题，有必要引起足够的重视。

社区支行两极分化明显，区域发展不平衡

社区支行经过一年的发展，两极分化的格局愈加明显。核心存款年日均排名前六的社区支行相关数据之和占分行社区支行总和的 65%，其余 14 家贡献了剩余的 35%，二者在 6 月 30 日的占比分别为 53%、47%，分化明显；有效客户数排名前六的社区支行相关数据之和占青岛分行社区支行总和的 50%，其余 14 家占 50%，二者在 6 月 30 日占比分别为 54%、46%；对私存款时点余额排名前六的社区支行相关数据之和占青岛分行社区支行总和的 49%，其余 14 家占 51%，而 6 月 30 日二者占比分别为 53%、47%。一项数据绝对领先，其他两项基本平分秋色，但可以预见两方数字之差，尤其是核心存款数将持续扩大。

造成社区支行明显分化的原因可能有以下几点。

1. 营销侧重。本次竞赛是与定期存款营销活动同时进行的，抓住客户避险心理借机主打保本理财或在降息前开展定期储蓄积分兑换并吸引了大量资金的社区支行在短期内是实现了核心存款数的大幅增长；之前就凭借高收益理财产品销售打开局面的社区支行对相关产品营销力度始终保持在较高水平，稳固了排名。

2. 区域差异。由青岛分行社区支行市内四区分布情况看，排名前列的社区支行主要分布在城西与近郊，且多数为社区型社区银行，人口密集、人流量大、人气旺是这些社区支行的共同特点。

3. 统计时点。考虑到新监管规定对于对私存款偏离度的考量，在对私存款中占比较大的已申购理财产品的募集期活期资金已于 11 月 30 日前起息，理财基金等资产规模较大的社区支行在此次竞赛中并不占优势，定期储蓄相对扎实的社区支行反而更具竞争力。

经营模式单一，社区银行只能是理财银行

目前社区支行受制于营业面积相对较小、无现金柜台、相关业务多级授权、三方人员无低柜操作资格、客户需求等因素，除理财业务外，其他传统银行业务或无法开展或开通后不能充分利用，在一定程度上浪费了人力资源、增大了营业成本、缩小了盈利空间，导致社区支行不做理财业务就寸步难行、没有理财产品就不知如何开辟市场的现象普遍存在。

《社区支行达标创利劳动竞赛通报》中还强调“核心存款日均整体完

成水平低”，为探究其中原因，特采集2014年9月24日至2014年10月31日某社区支行日新资金增量、日保本理财销量、日短期理财销量、日主销理财（在当日销售中占比过半的半年以上高收益非保本理财）销量数据，形成下图。

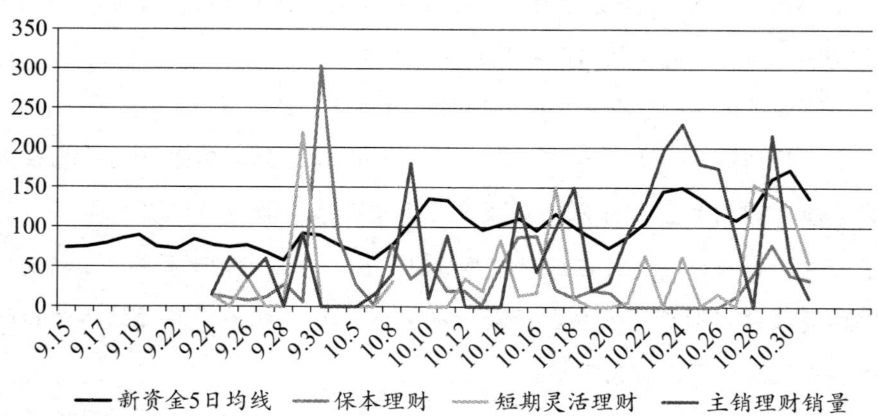

假定曲线走势与新资金5日均线走势越趋同，销量与新资金增量的比值越大，则其对新资金增长的贡献度越大，则由上图可以观察、分析出如下几点信息。

1. 保本销量与新资金增量5日均线距离最远，其销量与新资金增量的比值较短期灵活理财、主销高收益理财都要小；当保本理财销量走低或无销量时，新资金却大幅增长（10月7日至10月14日、10月20日至10月27日），两者呈现趋势上的背离。

2. 主销理财，高收益理财销量大幅增长都伴随着新资金的大幅上扬，主销理财销量不振时，新资金增量会同步下滑，二者的变动趋势大体相同；主销理财销量与新资金增量的比值最大，反映出高收益理财是新资金增长的主要推动因素。

3. 短期灵活性非保本高收益理财销量呈现周期性（9月27日、10月17日、10月29日）爆发式增长。研究发现，相关资金平时主要用于申购新股，在新股发行之间的空档期内，客户既不希望资金闲置又要兼顾资金始终具备高流动性、灵活度，所以选择了短期灵活理财，而每当新股申购结束，这类资金往往集中回流银行，形成了销量的大幅上扬。需要注意的是，一旦新股申购打开，这部分近千万的资金会集中流向证券，造成九项资产短期内大幅下降，而这一点图中并未显示。

综上所述，我们可以得出这样的结论——保本理财优化了存量资金，优化了核心负债，对新资金增长的贡献率却最低，将它作为营销侧重，无疑会大幅放缓新资金增量，甚至造成资金外流；短期灵活理财背后的打新资金，流量巨大、流动频繁，是该社区支行资产负债表中的不稳定因素，翻来覆去、进进出出还是同一批资金，对新资金增量的贡献没有实质性提升；高收益理财始终是拉动新资金增量的核心力量，是该社区支行做大资产负债表所倚重的核心因素。

未来之路

1.“转变模式，不是放弃理财，而是由‘泛理财’向‘精理财’转变，而是要一方面引导中小客户规避风险，选择定期储蓄或A+保本理财，借机做大核心存款；另一方面以券商资产管理计划、我行信托类产品等高收益、高起点理财，吸引高端资金密集型客户，高效拉升资产规模，扎实底座，拔高顶尖。”这是一位分行领导的原话，从实践来看，这个判断与现实情况是相契合的，但要真正达到“精理财”的目标，真正在优化核心负债与扩大九项资产之间找到平衡，形成促使两者齐头并进的长效机制，还有很长的路要走。

2. 升级配套设施，加强人员培训。目前，社区支行的所有现金类业务全由自动柜员机承担，不仅耗时费力，而且故障频出，客户经常对此表示不满，降低了客户感受度，给银行的阳光服务打了折扣，所以，适时适当开通现金柜台，增加传统银行业务，实现麻雀虽小五脏俱全，对于改变社区支行经营模式单一、核心存款整体水平低的现状可能会起到不错的效果；此外，在严格监管、深化培训的基础上，让一部分三方派遣员工获得低柜使用资格，对于提高人力资源使用效率、增强相关人员的服务意识和工作责任心、解放对部分员工的“捆绑”，大有裨益。

3. 不可忽视的是，分行、支行对社区银行的投入是远大于支出的，下一步，酌情“精兵简政”或建立绩效奖励的长效机制，提高资源配置效率，把更多的、更好地资源投入到最能创造效益的社区支行去，促使社区银行体系健康快速发展，是分行、支行层面亟须面对的课题。

前面纵横对比、实例分析了这么多，目前社区银行发展的掣肘也愈显清晰——社区银行要打开营销之门，先要融入社区中去。那么，社区银行该怎样通过提高自己的服务层次，与社区的实际需求更好地对接起来，更深入地融入社区中去呢？

1. 找到营销切入点

毫无疑问，首先需要改变的是社区银行的运营思路，不是依靠现有基层网点的功能拷贝来拉近与社区居民在金融服务上的距离，而是考虑将社区居民的关系链条引入到具体的社区银行网点上来。一个是简单的距离的拉近，一个是更高层次的关系链条的融入，孰优孰劣，一目了然。

在这一方面，要抓住社区居民的核心商业和生活需求，肯德基儿童游戏区的形式可以为当前的社区银行提供更好的思路。儿童游戏区听起来很新颖，实际上是以玩具为媒介，以主题活动或者基于玩具的游戏为组织形式，目的在于通过玩具融合科学、数学、语言、听觉、视觉、运动、社交等内容，以促进儿童的多方面发展需要。

对于社区银行的内容引入而言，儿童游戏区是一个很好的模式，也就是抓住了社区居民中的关键人物：小孩。随着婴幼儿产业和消费市场的兴起，以服务于儿童教育的玩具和智能开发产业，成了社区银行进行关系型营销的重要抓手。肯德基这种营销的成功之处在于抓住了社交关系链条的核心：小孩，并以小孩来带动家长对肯德基的关注。

当然这只是举个例子，对于银行的社区金融服务而言，不能再以简单的金融服务来圈定社区居民的需求，而是应该以多层次、关联性较强的社区服务来拉近与社区居民的距离。还是以儿童游戏区的例子来说明，如果社区银行在自己的网点内开办一个类似的项目，吸引社区中的小孩来网点接受新型的玩具教育，一方面增长了知识，另一方面也为社区银行打开了关系链条的入口：小孩来了，家长自然就来了，爷爷奶奶也就跟着来了。

接下来，在建立良好的关系链条的基础上，社区银行可以通过玩具的形式，以购买我行理财产品，开办卡类业务，办理存款等具体的业务指标为途径，给家长一定的玩具使用积分，并通过积分和成长的方式确立小孩对本行的忠诚度。这样，社区银行就实现了最终融入社区的目的，其中社区银行网点是渠道，玩具是媒介，而小孩是目标群体，家长是目标客户，这样整个社区服务关系链条也就清晰了。

2. 充实、巩固营销链条

不论是金融也好，零售也罢，在进入社区的过程中，都要把握好这个社区关系营销链条的点。否则，如果执意以简单的商业化产品来进行点对点的营销，其实并不能带来更好的客户购买和使用体验，反而会成为社区银行进一步发展的掣肘。

对于银行的社区金融服务而言，在社区银行服务摸着石头过河的过程中，以儿童游戏区类似的形式为抓手，来充实社区银行的关系营销链条，其实就是充当了一个很好的社区生态演进的推动力。在社区形态发展得很充分的地方，社区已然成了一个小型的商业社交中心，之所以叫商业社交中心，是因为社区的商业活动是需要持续性的营销活性和关系维系来保持的，以社交关系带动商业活动的发展，而绝非是简单的植入式和填充式营销推广。在这种社区，商业和生活之间的距离在逐步缩小，商业融于生活之中，而生活场所也成为商业活动的主要阵地。

未来的商业服务将通过更多下沉的方式来满足个性化对象的需求。

站在银行的角度，作为银行服务的延伸，社区银行将承担起未来零售业务市场开拓的重任。站在银行的业务经营角度，社区银行的发展将成为银行改变传统业务模式，从后台走向前端，从“坐等人来”走向“我走出去”的重要一步。

说到这，就着“关系营销”这个时髦的主题，我还有个故事要讲。前面在谈理财经理魅力的时候，我们探讨过，在各家银行你方唱罢我登场的今天上，无差异或差异化很小的金融商品和服务层出不穷，如果所提供的核心产品或服务不能形成足够强悍的比较优势，就必须从其他地方寻找竞争优势。与顾客建立起长期的合作关系是建立独特、可持续、竞争者难以模仿优势的方法之一。关系营销学认为企业与顾客是一个命运共同体。企业应当同顾客在平等的基础上建立互利互惠的伙伴关系，保持与顾客的密切联系。认真听取他们提出的各种建议，通过提高顾客在购买和消费中获取的产品价值、服务价值降低顾客的货币成本、时间成本、精力成本及体力成本，从而更大程度地满足顾客的价值需求，让顾客在购买和消费中得到更多的享受和满意。通俗来讲，就是在经历了初步联系、深入沟通、找到交集、形成共识后，我们应努力在利益层面、情感层面形成与客户的牢固联系，最好是同盟关系，一荣俱荣、一损俱损，客户和我熟和别人不熟，和我亲近和别人不亲近，和我谈得来和别人谈不来，我的业绩不好客户第一个冲过来出主意、想办法，如果达到这种效果，我的优势就形成了。常有理财经理抱怨说，除了吃喝玩乐、送礼折扣等方式外，实在没有更好的增进客户关系的方式。对于社区居民客户而言，选择金融服务机构的核心点在于是否满足其持久的价值需要，而这种持久性就需要重视和加强关系营销。对于社区居民应当立足于建立信任，让客户满足其优越感、认同客户的某些价值观、由熟人介绍、能够找到与客户共同的私人话题这都是能快速与客户建立共鸣并赢得信任的方法。有了信任才有可能产生深入的接触和交流，从而产生持久而稳定的关系。

N社区银行（简称“N”）附近有一家证券公司营业部，经常有股民在打新股的空余将资金转移到N购买短期高收益理财，N也借此吸引、维系起一批“股民客户”。有一天，股民李阿姨在办理业务的过程中突然向理财经理小马问道：“最近有什么好股票，推荐一下？”小马先是一愣，按照以往的经验他此时应该说“股市有风险，入市需谨慎，请关注我行理财产品”，但转念一寻思，李阿姨刚中了一只新股，正赚钱呢，要是这么说就太扫阿姨的兴了，“阿姨，您可以逢低关注×××××，这几只都是有良好业绩支撑、低位盘整充分的股票，仅供参考啊。”李阿姨一听非常高兴，和小马聊了一阵高兴地走了。没过多久，李阿姨兴冲冲地找上门来，“小马，谢谢你，我是来报喜的，一是我又中签了，二是你推荐的股票我买了，赚了一大笔，谢谢你，顺便来请你吃个饭！”小马很高兴，他知道这个客户算是跟定自己了，他赶紧给李阿姨倒了杯水，趁着人不太多，两人又讨论起股海风云来。后来，这位李阿姨又向N社区银行转进几百万资金或购买理财或存定期，用李阿姨自己的话说，股票总不能老炒着，有了闲钱放在小马那儿，她放心！

社区银行的服务营销应当具有较强的情感营销特色，对于关系紧密的客户群体而言，在价值差别不大的基础上，顾客购买金融商品所看重的已不是商品本身，而是为了一种感情上的满足，一种心理上的认同。

作为一家商圈型的社区银行，N有许多的客户都在附近电子科技广场做电子产品的生意，平时大家就像邻居一样，有个大事小情总是相互帮扶。N还有许多老年客户，是广场舞的发烧友，没事就拿着小喇叭在公园里跳舞。时间一长，喇叭也会出现一些故障。此时小马便会赶紧替大叔大妈们联系商家来维修设备。自己偷偷地把维修费给付了。以后，商家大哥会修喇叭而且人还实在的消息在广场舞大叔大妈中传播开来，不断有附近的广场舞迷携带自己的宝贝找商家大哥维修，小生意十分火爆。商家大哥感念小马，这不，最近又把自己的一笔到期存款转存到 N 支行，用商家大哥的话说，把钱放在小马那儿，放心！

当一个消费者选购某种品牌时，通常认为他必然遵从理性选择。而当同一个消费者放弃购买该品牌时，人们便以为该商品质量低劣，设计粗糙等。其实未必，决定消费者是否购买不单取决于理性选择，还取决于心理与情感因素。当人们走进“全聚德”、“东来顺”的时候，也许会觉得味道并不怎么样，或者价格太贵，不合算，但并不因此而不走进这些店。其实他们得到更多的是心理上的满足，而不单单是食饮的问题了。

事实上，对于金融产品的选择与此类似，消费者选择某个银行或放弃某个银行，并不完全取决于理性因素，而是很大程度上取决于心理与情感因素。情感营销从消费者的情感需要出发，唤起和激起消费者的情感需求，诱导消费者心灵上的共鸣，寓情感于营销之中，让有情的营销赢得无情的竞争。因此，在社区银行的营销中，要充分认识到情感的特殊作用。用社区文明、道德观念、民族精神等深厚的文化土壤来创造无限的感召力，用信仰、时尚、保健等情感因素传递爱的思维和正能量，进而在内涵中获得客户的认同及忠诚。

社区银行纵横谈——对 G 商业银行 Q 市各社区银行经营的 SWOT 分析

截至 2015 年 1 月 15 日，A 分行 22 家社区支行九项资产余额合计 22 亿，有效客户数合计 13000 户，核心存款年日均 3.6 亿，理财存款 4.5 亿，理财基金 13.7 亿，名列前茅的几家社区支行九项资产甚至超过了有的支行。

社区支行开业一年以来，各社区支行充分运用分行、支行提供的有利条件，致力于打造“亲民、便捷、高效”的金融服务品牌，努力拓展利润空间、抢占竞争前沿，以极大的热情和信心，科学务实地工作，在极大地扩展了银行品牌影响力的同时，实现了业绩和客户的齐增长、效益与口碑的双丰收，并在全国名列前茅，形成了示范效应，开辟出转型、创效的新天地。

1. 社区银行发展的四个阶段

根据 22 家社区支行九项资产排名，将他们划分为四个梯队，每个梯队也代表了社区支行由小到大、由弱到强发展的四个阶段。

（1）第一梯队——深入挖潜，再攀高峰

作为社区支行，经过前期的不懈努力，九项资产等业绩指标已经达到相当规模，此时最重要的工作是在维护好现有客户的基础上，进一步挖掘客户潜力，提高客户质量、做大九项资产。核心依然是提高客户忠诚度，用高收益的产品让他们留下来。让客户跳出单一行内理财的圈子，引导客户购买基金、券商、信托等高收益产品，为客户做好资产配置。

【梯队代表】

J 社区银行——社区型社区银行

- 优势：彻底发挥了理财产品对导入客户的带动作用，打好了客户基础。
- 劣势：理财产品机构单一，在九项资产中理财占比 88%，基金、券商基本无配置，缺少对客户的深度挖掘和资产配置。
- 机会：背靠大社区，居民较多，老年人居多积蓄也多，大多优质客户。
- 威胁：附近的中信银行和中信证券。
- 建议：提高理财销售的专业性，注重客户挖潜和资产配置。

L 社区支行——商圈行社区银行

- 优势：商业中心，客流量大，客户资源丰富。

- 劣势：网点营业面积小，客户资金小，且同业竞争激烈。
- 机会：客户长期受证券等金融产品影响，对理财的接受能力强。
- 威胁：同业竞争很大，客户摇摆性强，辽宁路支行开业竞争压力较大。
- 建议：继续挖掘客户潜力，注重客户九项资产配置，做大九项资产。

（2）第二梯队——鲤鱼跃龙门，坚持，还差一步

这一阶段，对于一家社区支行能否最终形成规模、能否真正在社区立足至关重要，就好比攀登山峰到了最险最难的关口，过得去就是一览众山小，过不去就有可能停滞不前，甚至倒退回上一阶段。在第二阶段，在挖掘客户潜力的同时要加大这三方面的投入：宣传的力度和频度、人员营销技巧和业务基础培训。而加大投入的目标只有一个：做大客户数、做大资产规模。

$ $ $【梯队代表】

S社区支行——乡村型社区支行

- 优势：农业户口聚居地，偏爱定期存款和保本理财，存款较稳定。
- 劣势：业务功能不全，公信力不足，同业相比处于劣势。
- 机会：周围同业较多，可以挖掘的客户资源丰富。
- 威胁：周围有工商、农业等公信力较强的国有银行。
- 建议：①加大宣传，提高自身知名度，可以拍摄一组理财经理的短片，放于社区支行内循环播放，提高公信力；②通过高收益理财、信用卡优惠活动等手段挖掘同业客户。

Z社区支行——CBD商务区型社区银行

- 优势：商圈型社区，客户以周边小区居民为主，老年人居多，存款较稳定。

- 劣势：业务品种单一，无法办理现金业务。
- 机会：位于 CBD 万达广场商圈，有丰富的客户资源可以挖掘。
- 威胁：周围有工商银行、农业银行、中国银行和民生银行锦绣华城社区银行，竞争压力大。
- 建议：①尽快开通低柜业务；②坚持宣传。

（3）第三梯队——扎牢基础，抓住机遇

与第一、第二梯队相比，第三梯队需要做的工作是打好基础，持续不断地扩大客户规模，这就需要加大宣传的“力度”，“力度”不仅是指“频率”，更多的是“质量”，要对每次宣传效果做好评估，避免人力、物力，财力的浪费。

形成这一梯队各成员地位的原因有所不同——有些需要分析为何开业一年多以来，规模无法突破 1 亿？有些需要总结自己开业以来都做了哪些工作来提升业绩？哪些工作是有效果的？目前工作中遇到的最大困难是什么？如何克服这些困难？有些需要通过培训，提升宣传、营销方面的能力。

【梯队代表】

W 社区支行——社区型社区银行

- 优势：个贷客户多，都是老客户，发信用卡优势较大。
- 劣势：社区入住率低，客流量少，商户少。
- 机会：已联系房产中介，能拿到 1000 多个客户电话。
- 威胁：周围有同业竞争。
- 建议：①发挥信用卡的带动作用，挖掘客户；②提高理财人员的专业性，加大对理财人员的包装；③做好老客户的跟踪和服务，以老带新；④尽快开通支行低柜业务。

M 社区支行——新兴小区型社区银行

- 优势：大社区，居民多。
- 劣势：网点面积小，门头不明显，认可度低。
- 机会：高档小区，客户资源优质。
- 威胁：民生、农商社区银行先后开业，竞争压力大。
- 建议：①扩大白金信用卡发卡量，导入优质客户；②提高宣传技巧，加大宣传力度。

K 社区支行——商圈型社区银行

- 优势：靠近早市，人流量大，有客源。
- 劣势：位置较偏，知名度不高。
- 机会：市场潜力较大。
- 威胁：同业高收益理财的压力。
- 建议：①主动寻找客户，提升宣传效果，拓展宣传渠道；②摆脱目前业务品种单一的局面，引入券商类产品，做大九项资产；③提升社区员工营销技巧和销售代销理财的能力。

（4）第四梯队——路漫漫其修远兮

第四梯队的社区银行都是刚刚开业，未来很美好，道路很曲折。

从路漫漫其修远兮到扎牢基础、抓住机遇再到鱼跃龙门只差一步，到最高层的深入挖掘、更进一步，四个阶段不多，时间宽度不大，但事实证明想要出成绩，不勤奋、不营销是绝不可能的。

2. 社区银行营销策略的初总结

通过对社区银行的研究与分析，我们发现目前社区银行有一些共同的特征，主要体现在以下两个方面。

一个是通过社区银行做无障碍理财平台。基于互联网的体验，为用户带来更好的理财习惯和方式。所谓无障碍理财，即简单、直接、快捷、不设门槛。而这些特性背后，需要银行在多终端支撑、电子账户、资金通道、支付通道等方面完善基础设施建设。如民生银行的社区银行，在产品设计上突出简单、实惠，首期主打两款产品“如意宝”与“随心存”；而媒体报道 2015 年 4 月上线的宁波银行社区银行也可通过社区银行快速便捷的完成贷款申请、理财产品支付购买等。

另一个特点是通过社区银行尝试互联网拓客营销。各家银行常通过优惠活动、高收益理财产品、互联网广告、社会化推广营销实现互联网拓客营销。如民生银行突破了传统实体网店的经营模式，通过互联网渠道拓展客户，他们通过微信、微博抽奖活动来拓展客户。其他银行也经常通过高收益产品、互联网广告、微博、微信等渠道进行营销、拓展客户。

（1）现存问题及未来困境

社区银行的推出体现出银行业在经营模式转变及业务创新上的勇于尝试精神，这种试水实现了对于传统业务模式的突破，成为金融业务互联网化的又一创新尝试。但同时，目前的社区银行还存在以下问题：第一，业务与产品大同小异，缺乏特色，同质化标准配置现象比较严重；第二，业务运营缺乏连续性和效果评估管理与调整；第三，营销推广深度不够，没有对用户分类进行营销。

以上问题随着低阶社区银行的发展，可能会带来如下困境：同质化标准配置，如类余额宝、定期宝等产品，而这类产品的客户对于收益敏感、追逐利益、流动率高，这样银行之间需要通过产品收益优势来吸引客户。这种模式将导致资金收益的价格战，导致银行的资金存款成本上升，大银行的资金优势与成本优势明显，而对于中小银行或者区域性银行来说这种发展路径将难以为继。对于中小银行来说，需要思考以下几个问题：差异化竞争优势究竟在哪儿？客户忠诚度在哪儿？这是互联网的创新模式吗？

（2）社区银行改进思路

低阶社区银行在其以产品为中心、以互联网为渠道、以体验为核心的设计理念下，将导致产品间的价格战，而其产品的趋同性使得互联网渠道所带来的流量显得尤为重要，这样将持续推高营销成本，且无法保证客户忠诚度，而便捷的操作体验也会在银行的努力下达到平衡最终趋同化，且当价格成为核心竞争力时，体验就不会成为决定性的因素。

社区银行从低阶进化至高阶需要实现以下转变。第一，转变以产品为中心的设计思路，转而以客户为中心。从培育客户做起，围绕客户生长过程做产品。银行产品的投放，应该帮助社区银行的互联网客户建立成长体系，这是很关键的一点。第二，将原有的传统渠道平台转变成银行互联网的经营平台。与渠道相比，经营平台更强调互动与参与感。渠道只是一个通道，没有人会在上面停留，而经营平台意味着停留、参与、多频次互动及获得认可等。虽然二者在表现形式上差异不大，但在经营模式上却有着本质的区别。第三，伴随用户成长的体验。用户体验的高级阶段不是单一操作体验的优化，而是情感层次的认同感，通过参与感、得到认可、感知变化而自动调整的服务体系来建立全新的用户体验。这一点小米的经营就非常值得学习与思考。

当低阶社区银行进化为高阶社区银行的时候，它将为银行带来拓客、吸金、营销与品牌方面的价值。

（3）怎样进军高阶社区银行

高阶社区银行的核心设计思路是通过融入更多社会化元素，建立互联网客户成长体系。而如何建立客户成长体系是重点要与各位读者探讨的内容。

首先，建立银行与客户共赢的法则，即用户的收益越大，则银行的收益越大。一般使用用户收益来计算用户的贡献点。其次，建立用户推荐用户的法则。当老用户带来新的用户或新的产品销售时，要认可并计算用户的贡献点。在传统经营体系下，银行更习惯于通过资金额或资金贡献率来判断用户在银行的等级，而在互联网环境下，大多数普通用户对于银行的资金贡献率不高，对于这部分用户，银行如何处理？是不是可以给客户另外一个成长路径，超越传统的资金价值链体系，帮助用户与银行一起成长，通过用户推荐用户或产品，来积累贡献值，实现客户与银行之间的共赢。

（4）怎样营销和运营高阶社区银行

社区银行的建成只是银行服务的开始，这是互联网服务很典型的特点，最终银行还需要通过营销与运营来构建整体的竞争优势。

营销推广方式：不排斥传统的营销方式，即建立以线上（微信等合作平台、在线客服、网银、手机银行等）为主、其他渠道（电话银行、线下物理网点）为辅的渠道组合营销策略，完成宣传和引流。这种相对传统的营销策略可以带来一定流量，但与互联网的精准营销相比还有一定差距。希望通过更有针对性的流程设计与管理，实现更具互联网特性的有针对性的营销策略。下图是为银行建立移动营销推广的业务流程，该流程弥补了传统营销推广策略中针对性营销与分析评估的不足。

营销推广策略：高阶社区银行营销策略转变在于利用社会化的方式实现客户营销客户，其核心在于众包营销的概念，即我们与用户共同创造价值。因此，我们总结并提出共享价值、用户参与、简单易懂、引爆投放四个循环，构造整个社会化营销的业务体系。在用户体系的设计上，使用户利益可计算、可获得；通过建立示范场景与典型用户，给用户提供可参与的途径；通过简单的操作步骤，逐步引入，使用户在熟悉的社会化场景中使用；通过短期营销投入引爆流量，通过长期策略使用户养成使用习惯。同时，让银行全员参与营销，同样以“小伙伴”的方式，完成客户经理对用户的归属关系和收益考核管理。

整合银行线上与线下的资源。社区银行在成为银行互联网经营的独立品牌的时候，可以加载的服务和可以整合的资源将会越来越多、越来越丰富。其实银行最迫切的不是现在去想象资源整合或服务创新的一些爆发点，反而应该站在独立运营发展的思路上，将社区银行打造成为一个依托于互联网可独立经营的业务平台，拥有自己的用户和产品。这样的一个平台，才能带给银行更为丰富的创新试错的机会，才能让银行更为从容地应对互联网发展所带来的创新思路，才能进行更快速的尝试和消耗更小的试错成本。只要保持对用户服务的核心理念，就能不断找到机会实现持续发展。

社区银行线上与线下资源主要有三大亮点，第一是人工网点、ATM。通过地理位置定位，推荐社区银行用户预约最近的行网点完成开户认证，给予积分奖励，也可以通过营销，让用户自助发卡机开户，这是线下的资源。第二是银行的客户经理资源。根据地理位置寻找最近的客户经理提供帮助，预约客户经理提供线下服务实现营销信息的精准推送。第三是银行的电子银行渠道资源。通过提供无缝跳转，认证绑定入口，实现按功能自动切换，整合理财、基金资源，打造产品特约商户资源的整合。最终我们希望通过社区银行打通渠道，从互联网拓客，连接客户，通过营销驱动实现客户转化。

$ $ $【延伸阅读】

社区支行二三事

近几年来，多家商业银行抓住机遇，通过社区银行拓展自身业务渠道，以获取更大的发展空间，我曾任职行长的支行也赶在潮头，申请了两家社区银行牌照。

前期，我组织了社区银行的同事们进行调研，了解了很多客户没有到我们银行办理业务的主要原因是嫌我们银行网点太少、办理业务不够便捷，而能够让客户感觉到便捷的最理想的办法就是把银行开到客户家门口，并且打破以往银行周末歇业的惯例，全年无休提供“微波炉”式的服务。就这样，90 平方米的场地，2 台柜员机，3 个理财经理撑起了两家风格迥异的社区银行。

分行在社区银行牌照的下发上着重考察支行为下辖社区支行发展提供支持的能力，按照这个标准，我们的两家社区支行拿证、开业只是时间的问题，但为了激发员工的斗志、让营销取得更大的效果，我让两家社区银行在试营业期间展开竞赛，并许诺哪家资产、存款增长得更快，哪家就能先得牌照先开业。先开业就意味着先拿到绩效奖金，为此，社区银行从店长到员工都使出浑身解数，原来早上9：00上班的，都提前到早上7：30；原来晚上5：00下班的，都推后到7：00；原来周末在家休息的，都抢着要加班。大家充分利用时间进社区、发传单、讲理财，恨不能把街上碰到的每一个人都营销成自己的客户。

虽说功夫不负有心人，付出总会有回报，但付出更要讲效率，一开始大家拼得很凶、用力过猛，反倒过犹不及，效果并不好——传单发了不少，客户没来几个；礼物送了一车，存款没见增多。“为什么客户不接受我们呢？”大家很是苦闷。“理财经理要想赢得客户，就要先和客户产生交集、形成沟通。”我建议大家把心态放平，扎扎实实地做好和客户的沟通工作，努力和社区的居民交朋友，尽快形成自己的社区“朋友圈”。

走近居民，让社区银行融入社区

在社区街道上，有位老奶奶提着一布袋刚在早市购买的蔬菜费力地走着，布袋上打着补丁，眼看就要被撕破了。

“阿姨，您好，我们是前面银行的，给您送个购物袋。”社区银行理财经理小李拎着一个环保袋向那位老奶奶递过去。

老奶奶停住了脚步，抬起头，看了看他，笑道：“谢谢你，小伙子。”

“不用谢，我看您这个袋子快破了，快换上新的吧，哟！这么沉呀！我帮您提回家吧？”

“孩子，谢谢你，真是碰到好心人了！我家就在前面，谢谢你啦。”说着，小李一手提着购物袋，一手扶着老奶奶，缓缓地朝她家走去。

“阿姨，我看您买了不少鸡蛋，是给孩子吃的吧？”小李边走边问。

“嗯，是给小孙子买的，现在呀，电视上说猪肉有瘦肉精，还说牛肉有疯牛病，不敢给孩子吃，我看这个山鸡蛋还不错，健康又营养，就买了点准备回去给他做鸡蛋羹吃，他可喜欢吃了……”一说到孙子，老奶奶便打开了话匣子，眉飞色舞地和小李聊了起来。交谈中小李知道老奶奶姓王，现在退休在家照顾小孙子，小孙子体质弱，她看到报纸上说多吃山鸡蛋有利于儿童骨骼发育，所以就隔三岔五地给小孙子买山鸡蛋吃。

很快，到了老奶奶家，小李放下购物袋，说：“阿姨，现在我们银行和超市联合搞活动，在我们这儿定存 5 万元，就可凭积分每月兑换 10 斤土鸡蛋，这个活动挺不错，现在利率高，福利还丰厚，我这是提前告诉您了，您可以和邻居朋友们都说说，好事大家一起分享嘛！还有我看您平时买菜来回拎着很累，我回去向领导汇报一下，送一台购物车给您平时买菜用，您看好不好？”

“这么好啊，小伙子，利率有多少啊？算了，你还是给我张宣传资料吧，我先和我们家老头商量商量。太感谢您了，今天遇到贵人了，我太幸运了。”小李和王奶奶互留了联系方式，便告辞了。

过了一天，老奶奶拿着 10 万现金兴冲冲地来了，笑着对小李说：“我刚从其他家银行取出来的，马上就来你们这里存了。这张卡里还有 20 万，我存个三年的定期。但你们要给我送好一点的鸡蛋呀。”

一切都很顺利，唯独在存现金一项上，王奶奶皱了眉，“小伙子，我带的不是假钱啊，怎么这个机器这么长时间了没存几万呢？我的腿有点受不了了。这样吧，我先存 5 万，剩下的不存了，太麻烦了！”“阿姨，我们这是通过自动存款机为您存款，有一些破旧的钞票机器无法很快辨认，所以要反复试试，这样吧，我给您搬把椅子，您先坐着等会儿。另外，咱们社区银行可以通过理财 POS 机为您从他行实时免费转账，非常方便，以后呀，您不用提着现金了，只要带着银行卡、身份证就可以免费转账进来，您看，那样多方便啊！”王奶奶这才恍然大悟，“这么方便呀，早知道就不带这么多现金了，实在不好意思啊，麻烦你们了！”

后来，我们分析，造成这种现象的原因主要在于客户没有接触过我们这种模式的银行，尤其是社区的中老年客户群，对新鲜事物的接受能力更弱，按照传统的思维方式认为四大银行较为稳妥，对社区银行不是很了解。因此，融入社区生活，与居民同乐，赢取他们的信任，显得特别重要。

巧办活动，让产品营销联起“朋友圈”

社区银行的品牌宣传，对于建立居民的信任有独特的作用，社区活动是品牌宣传的重要手段。社区活动宣传，相当于电影的广告植入，不易让人反感，对提升整体品牌忠诚度有很大的帮助。

社区活动，不是拿着礼品，龇着牙装笑脸，出一分钱就要收一分利，但凡活动，起码要达到三个效果：一是让大家知道社区银行的位置；二是获取小区居民的信息，以便开展二次营销；三是提升银行品牌的影响力。自两家社区银行试营业后，每逢过节假日，我们都会提前对活动进行部署，配备好礼品，回馈老客户、吸引新客户。

“这不是《熊出没》里的熊大和熊二吗？”孩子们疯狂地从四面八方聚拢来，把我们社区银行理财经理扮演的熊大、熊二团团围住，超高的人气、厚重的道具把两位理财经理热得满头大汗。“‘熊大’、‘熊二’，我们要礼品，我们要礼品！”“熊大”、“熊二”拿着小喇叭大声喊：“小朋友，来！叫上你们的爸爸妈妈拿着兑换券到社区银行换取礼品咯。必须要让爸爸妈妈陪着啊！”

于是，小朋友们拉着爸爸妈妈，拿着奖品兑换券来到社区银行。在加了理财经理微信后，每个孩子的手里都多了一份精美的小礼品后，就开开心心地离开了。

以后，只要理财经理把产品广告往朋友圈里一发，下面点赞的、咨询的总能延伸出二三十行去。

现在，社区银行已经融进了居民生活的点点滴滴。比如，居民们下班刚回到家，便看到门口贴着社区银行发的“福”字；在家无聊的时候，翻看的是社区银行赠送的杂志；煮菜的时候，习惯地问一句“妈，社区银行送的山鸡蛋在哪儿啊”；晚上睡觉，盖着社区银行发的被褥，还可以用贴着社区银行标签送的暖手袋暖暖脚、暖暖被窝，然后呼呼大睡。

故事的结局并不出乎意料，两家社区银行同时获得了经营许可证及营业执照，择选吉日，隆重开业。大家很兴奋、很有成就感，还编了顺口溜发给我——“山鸡蛋土鸡蛋领来客户就是大金蛋，大傻熊二傻熊增加资产都是真英雄！”

社区银行是新事物，正以其独特的线下营销方式被广大居民所接受，希望在广大银行业同人的共同努力下，让更多的居民享受到社区银行的服务，让普惠金融播撒到社区的各个角落。

东方智库会员服务卡

感谢您对“东方智库”系列图书的认可与支持。当您购买了东方智库系列图书的任何一本书后，请将服务卡邮寄给我们。您将马上成为东方智库俱乐部的会员，不定期地收到东方智库最新的图书信息和相关资讯，并获得购书的折扣优惠。

为了更详细地了解您的阅读习惯和个性化的服务要求，我们正在进行读者调研。您的每一个建议都可能成为我们今后编辑、选题的依据。您的个人信息将被妥善保存，并将只用于把我们的书做得更好。

智慧在东方飞扬，来吧，我们期盼着您的参与！

请 您 参 与

1. 您购买《银行理财经理营销实战宝典》的时间是______年______月

2. 您是通过何种途径知道和购买本书的？

☐ 他人推荐　☐ 逛书店　☐ 机场　☐ 培训班、教材

☐ 报纸、杂志　☐ 网络　☐ 邮件信息

3. 请您在以下几个方面对本书给以评价

	很好	好	一般	差	很差
书　名	☐	☐	☐	☐	☐
专业性	☐	☐	☐	☐	☐
实用性	☐	☐	☐	☐	☐
观念新颖	☐	☐	☐	☐	☐
装帧质量	☐	☐	☐	☐	☐

4. 您当初是怎么决定购买这本书而不购买其他相关书的？

☐ 它确实写得很好，符合我的要求

☐ 虽然它写得一般，但已经是我看过的所有相关图书中最好的

☐ 没办法选择，我找不到其他相关图书

☐ 公司要求购买的，或相信专家及同事的推荐

☐ 其他____

5. 这本书的哪些因素能促使您决定购买？（按重要度排序，请填写阿拉伯数字）

___书名　___封面　___目录　___内容　___文笔通俗　___定价　___专业性

6. 您认为这本书的定价为多少更为合理？

A. 30 元以内　B. 30 ~ 35 元

C. 35 ~ 40 元　D. 40 元以上

（背面还有，请填写）

7. 您觉得这本书哪部分写得最好，为什么？

8. 该书的上述内容中，您觉得哪部分内容可以突出些？哪部分简化些？

9. 您认为本书还需要改进的地方是……

10. 您对本社图书方面的出版建议是……

您的个人资料

姓名：__________ 性别： □男 □女 出生年月：______年______月

文化程度： □硕士以上 □本科 □大专 □高中／中专／技校

工作单位：______________________________ 职位：____________

通信地址：____

邮政编码：____________ 电话：____________ E-mail：____________________

请与我们联系

地址：北京市海淀区交大东路 60 号舒至嘉园 3 号楼 1101 邮编：100044

电话：010 － 62239845 互动微信：morchzheng E-mail：morch@vip.sina.com

联系人：郑春蕾 手机：13701253668 互动微博：weibo.com/dfzk